Alfons Soldevila

Arquitectura i moviment
Arquitectura y movimiento

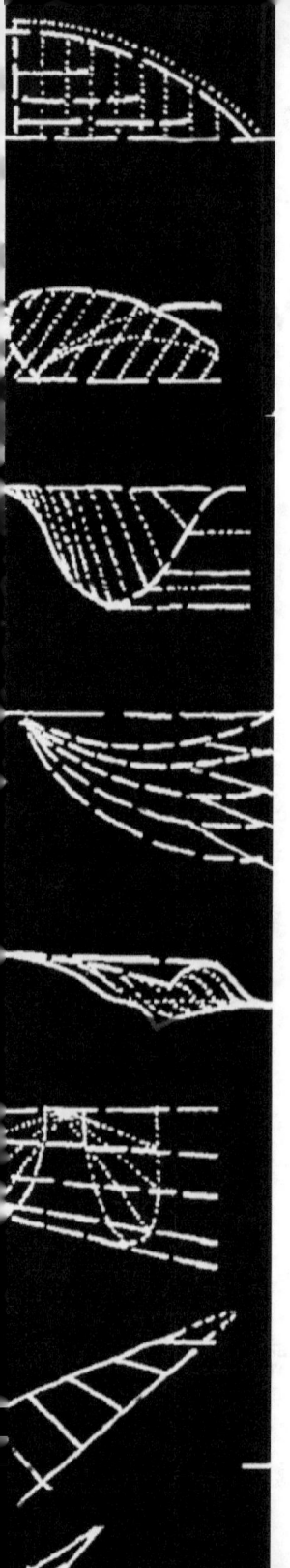

HYPERION
Manuals de supervivència científica per al segle XXI
Coordinador: Jordi José

Amb el suport de

Generalitat de Catalunya

En col·laboració amb el Servei de Llengües i Terminologia de la UPC

Edició a cura d'"Anna Puigjaner

Traducció de textos a l'anglès: Ross Pérez Aiyer

Fotografía: Fernando Agulló, Iñigo Bujedo, Lluís Casals, Ferran Freixa, Pascual Gorriz, Pau Guerrero, Jordi Miralles, Despatx Soldevila

Primera edició: desembre de 2010

Disseny gràfic de la col·lecció: Tono Cristòfol
Maquetació: Edicions UPC

© Alfons Soldevila, 2010

© Edicions UPC, 2010
Edicions de la Universitat Politècnica de Catalunya, SL
Jordi Girona Salgado 31, Edifici Torre Girona, D-203, 08034 Barcelona
Tel.: 934 015 885   Fax: 934 054 101
www.edicionsupc.es
E-mail: edicions-upc@upc.es

Producció: LIGHTNING SOURCE

Dipòsit legal: M-53568-2010
ISBN: 978-84-9880-421-8

Qualsevol forma de reproducció, distribució, comunicació pública o transformació d'aquesta obra només es pot fer amb l'autorització del seus titulars, llevat de l'excepció prevista a la llei.

ÍNDEX

PRÒLEG // PRÓLOGO   7

INTRODUCCIÓ // INTRODUCCIÓN
La arquitectura i el moviment // *La arquitectura y el movimiento*   18

ANTECEDENTS // *ANTECEDENTES*
Una hectàrea desplaçable // *Una hectárea desplazable*   26
Catedral instantània // *Catedral instantánea*   28
Coberta amb ancoratges humans //
Cubierta con anclajes humanos   30
Coberta col·lectiva d'un grup de persones //
Cubierta colectiva de un grupo de personas   32
Ciutat instantània contruïda des de l'aire //
Ciudad instantánea construida desde el aire   34
Coberta desplaçable d'un poliesportiu //
Cubierta desplazable de un polideportivo   36
Làmpada constantment en moviment //
Lámpara en movimiento constante   38
Cadira reptadora // *Silla reptadora*   40
Cadira que ocupa diferents posicions a l'espai //
Silla que ocupa diferentes posiciones en el espacio   42
Tenda de campanya instantània //
Tienda de campaña instantánea   46
Cadira dúplex // *Silla dúplex*   48
Mesquita mòbil // *Mezquita móvil*   50
Estació del TAV // *Estación del AVE*   52
Solar desplaçable // *Solar desplazable*   54

PROJECTES // *PROYECTOS*

Cúpula de diferents diàmetres i posicions //	
Cúpula de diferentes diámetros y posiciones	58
Escola d'emergència // *Escuela de emergencia*	60
Pèrgola adaptable a les dimensions dels arbres //	
Pérgola adaptable a las dimensiones de los árboles	62
Pèrgola que segueix el moviment del sol //	
Pérgola que sigue el movimiento del sol	66
Habitatges amb diferents posicions a l'espai //	
Viviendas con diferentes posiciones en el espacio	70
Biblioteca a Kansai // *Biblioteca en Kansai*	76
Casa Translúcida // *Casa Traslúcida*	80
Casa Translúcida Reciclada // *Casa Traslúcida Reciclada*	84
Cabanon Translúcid // *Cabanon Traslúcido*	88
Coberta a Sant Andreu de la Barca//	
Cubierta en Sant Andreu de la Barca	90
Cilindres captadors d'energia // *Cilindros captadores de energía*	94
Biblioteca al Japó // *Biblioteca en Japón*	98
Habitatges giratoris segons el vent //	
Viviendas giratorias según el viento	102
Casa rotacional // *Casa rotacional*	106
Cercles Olímpics per Paris // *Círculos Olímpicos para París*	110
Habitatges Eruga // *Viviendas Oruga*	114
Habitatges amb sala d'estar desplaçable //	
Viviendas con sala de estar desplazable	120
Habitatges desplaçables horitzontalment //	
Viviendas desplazables horizontalmente	124
Habitatges Sínia // *Viviendas Noria*	128
Contenidors desplaçables // *Contenedores desplazables*	132
Plataformes SSS // *Plataformas SSS*	136
Museu del Medi Ambient i el Clima //	
Museo del Medio Ambiente y el Clima	148
Emblemàtica estructura elevada al Za'abeel Park //	
Emblemática estructura elevada en el Za'abeel Park	152
Edificio Benetton // *Edifici Benetton*	156
Estacions de Metro de la L9 // *Estaciones de Metro de la L9*	160
Zoo Vertical a Puerto Madero // *Zoo Vertical en Puerto Madero*	164
VERSIÓ ANGLESA // *ENGLISH VERSION*	170
FITXA TÈCNICA // *FICHA TÉCNICA*	194

PRÒLEG // *PRÓLOGO*

El Club de l'Arquitectura del Moviment és un club bastant singular, que, com el seu nom indica, aplega arquitectes que fan recerques que relacionen l'arquitectura amb el moviment. Cada any es troben en un lloc diferent, discuteixen les seves propostes, recorden velles aventures i avaluen els treballs dels candidats que ingressaran en aquest grup selecte.

La disparitat de temperaments dels seus integrants fa que cada trobada sigui l'escenari de debats abrandats. Fa pocs anys es van reunir en una sessió que va resultar especialment memorable per la discussió que hi va tenir lloc. Abans de cada una de les trobades, cerquen una nova seu per fer-hi la reunió, i els membres del club aprofiten aquesta avinentesa per visitar arquitectes i obres interessants que tinguin relació amb algun dels temes que els uneixen.

La sessió que els vull relatar va tenir lloc a Barcelona. Els membres del club havien sentit a parlar d'un arquitecte que havia dissenyat unes cadires mòbils i van decidir anar a visitar-lo a la seva casa de Badalona. En arribar-hi, i després de fer un recorregut breu pel lloc i d'haver parlat amb l'amfitrió, van decidir constituir immediatament la sessió plenària al jardí i discutir sobre una sèrie de punts urgents. Per fer-ho, van ocupar una construcció de policarbonat totalment translúcida que hi havia allí.

La constitució de la sessió va seguir el ritual habitual. Aquell any, el president rotatori de la trobada —hi havia ben poques coses que no fossin dinàmiques en aquest Club de l'Arquitectura del Moviment— era Louis I. Kahn, el prestigi del qual com a arquitecte del moviment es basava en els seus coneguts esquemes per a la circulació de Filadèlfia, un projecte que li havia permès d'obtenir una plaça vitalícia al club. Malgrat la seva fama de personatge rígid i de tracte una mica esquerp, Kahn era un bon organitzador, de manera que, després de dividir el lloc en espais servits i servents —una zona de servei i una altra de treball—, es va posar a treballar amb dos objectius principals al cap: fer asseure els membres del club en l'ordre preestablert i fixar l'ordre del dia de la reunió.

La primera particularitat de la reunió va ser que —a causa de les cadires que tenia l'amfitrió— l'ordre dels membres del club no era l'habitual. Pel seu disseny particular, les cadires que hi havia van fascinar tots els socis. Es tractava d'uns artefactes estranys que, a més de servir de seient, permetien desplaçar-se per la sala sense haver d'aixecar-se, de manera que el president Kahn va considerar que l'ordre dels seients era totalment irrellevant, per la qual cosa, després de saludar breument els assistents, va passar directament a l'ordre del dia: "Benvolguts membres del Club de l'Arquitectura del Moviment, enguany ens trobem davant d'una situació ben particular. No tan sols no hem seguit l'ordre de posició als seients —per culpa de les cadires mòbils del nostre amfitrió—, sinó que a més l'ordre del dia pactat l'any passat ha perdut la rellevància davant del treball que ens envolta. Proposo que no perdem el temps a discutir-ne els punts pendents i que passem directament a debatre una qüestió que considero prioritària: l'admissió del nostre amfitrió aspirant Alfons Soldevila com a membre vitalici del club." Els membres del grup es van mirar mútuament i, admirats per la capacitat de reacció i per la flexibilitat que havia demostrat el seu rígid president rotatori, van aprovar la moció amb un murmuri afirmatiu que no va palesar cap dubte. D'aquesta manera, es va iniciar el procés d'admissió de l'aspirant, un procés que requeria que cada membre identifiqués projectes de l'autor que fossin rellevants per al club.

El president va atorgar la paraula primer als representants de les primeres avantguardes, els constructivistes russos, els quals van esmentar l'estació de tren d'alta velocitat i les estacions de la línia 9 del metro de Barcelona com a projectes dignes d'atenció. La referència constant dels constructivistes a la velocitat de les màquines que alberguen les estacions va agradar als altres membres associats, que en van aplaudir l'economia de recursos, que maximitzava els efectes dinàmics dels dos projectes.

Immediatament després va prendre la paraula el portaveu dels expressionistes. Asseguda al costat dels constructivistes i fent-se lloc entre els dos grups d'una manera un xic forçada, hi havia l'arquitecta invitada Zaha Hadid. El portaveu romàntic es va mostrar entusiasmat i va citar els projectes remarcables per a la fita urbana dels Jocs Olímpics de París, el projecte per a BCN Skyline, el Museu del Medi Ambient de Lleida i el zoo vertical de Puerto Madero, a Buenos Aires. La relació heroica i pictòrica de tots aquests projectes amb el paisatge va seduir, sens dubte, tots els romàntics del club, atès que, sense caure en metàfores altisonants o en efectismes d'escala, cada projecte se situa en una relació directa amb el paisatge sense reconstruir-lo de manera integral.

Gairebé sense esperar que els sigui atorgada la paraula, els arquitectes moderns no ortodoxos comencen a intervenir tots alhora. Com passa a cada reunió, aquest grup, un xic bulliciós i vitalista, no aconsegueix parlar amb una sola veu; els membres de l'Archigram, Charles i Ray Eames, el Superstudio i els metabolistes japoneses traspuen entusiasme. Quan finalment s'aconsegueix entendre alguna cosa del que diuen, queda ben clara la seva preferència per projectes com els de les cadires reptadores i mòbils, els habitatges amb diferents posicions a l'espai, els contenidors desplaçables i les cases eruga. Naturalment, difereixen en els motius, però coincideixen a destacar l'enginyosa introducció de la màquina i la fascinació pel mecanisme com a material arquitectònic a totes les escales. D'altra banda, també destaquen la cuidada relació amb l'usuari i la confiança de com gestionarà la màquina dissenyada. Charles Eames n'esmenta l'humor i la inventiva desfermada, atès que sempre és ell qui aconsegueix aportar una mica de sentit comú al grup.

Després pren la paraula Richard Buckminster Fuller, l'únic membre del club que estava familiaritzat amb el treball d'Alfons Soldevila abans d'arribar a Barcelona. No li costa gens identificar les obres que li resulten més afins: l'hectàrea desplaçable, la catedral instantània construïda des de l'aire, la tenda de campanya, la mesquita catifa, la cúpula de diversos diàmetres i posicions i l'escola d'emergència. La capacitat d'integrar estratègies d'enginyeria i logístiques d'escala territorial en projectes d'arquitectura es combina amb una alta sensibilitat envers les cultures llunyanes i les situacions extremes. A aquestes altures de la reunió, els membres del club estan ja totalment convençuts de la pertinència de l'ingrés d'Alfons Soldevila al club, com assenyala Bucky Fuller, el qual aprofita l'avinentesa per allargar una mica més del compte el seu discurs sobre la cúpula de diversos diàmetres i posicions. Tanmateix, el president Kahn li retira la paraula, en un gest educat però decidit, i la cedeix al portaveu següent.

Pren la paraula el portaveu del moviment modern, el qual, segons l'ordre del dia, havia de ser Le Corbusier, però, com sempre, està ocupat i ha enviat un dels seus cosins perquè el representi, el qual es refereix, d'una manera un xic burocràtica, als cilindres solars i a la biblioteca de Kansai com a projectes dignes d'admiració. Tots els membres del club reconeixen i aplaudeixen el valor dels projectes i critiquen la pobra presentació del representant dels arquitectes moderns, el qual s'excusa dient que la seva funció a la reunió consistia a centrar l'atenció en aquells projectes, objectiu que ha complert, i que la forma és quelcom secundari; el grup se'n riu unànimement, perquè fa anys que repeteix la mateixa cançó sobre la forma i la funció i ja ningú no es creu res.

Per proximitat als moderns, li toca el torn al grup *high tech*. La seva selecció és molt clara, i mitjançant una presentació en PowerPoint exposen unes imatges que es fonen entre si d'una manera sofisticada. Trien el poliesportiu de coberta desplaçable, la casa translúcida —un fragment de la qual serveix per albergar la reunió— i la coberta de Sant Andreu de la Barca, una selecció previsible, com ja és habitual amb aquest grup. En paraules del seu portaveu, aquests projectes confien en la lleugeresa dels elements i en la tecnologia que els construeix i els controla, per tal d'aconseguir uns efectes espacials i ambientals d'alta definició.

A continuació, el president fa pujar a l'estrada el representant dels situacionistes; després de cridar-lo dues o tres vegades sense obtenir-ne resposta, decideix passar la paraula al següent, atès que el seu representant Constant, malauradament, encara no ha tornat de vagarejar per la ciutat. A cada reunió es troben amb el mateix problema amb aquest grup, però no els poden negar un compromís real amb l'arquitectura del moviment, per la qual cosa encara no els han obert un expedient disciplinari.

Queda per al final el grup digital, que està escindit en dues seccions: els qui defensen els projectes interactius i els partidaris de les arquitectures animades. Els dos fan una declaració conjunta en què ponderen l'operativitat predigital d'Alfons Soldevila, ateses la seva sistematicitat i la seva lògica basada en iteracions. Els partidaris de l'arquitectura interactiva n'esmenten el projecte de la làmpada en moviment constant, la pèrgola que segueix el moviment del sol i els habitatges amb sales d'estar desplaçables, dels quals destaquen que la reacció dinàmica no persegueix una optimització funcionalista, sinó una intensitat vitalista. Per la seva banda, els partidaris de les arquitectures animades comenten, de manera entusiasta, el projecte per a la pèrgola adaptable a la mida de l'arbre, els habitatges rotatoris segons el vent, la casa rotacional i la casa sínia.

Tan bon punt acaben de glossar l'últim projecte, els membres del club es posen dempeus solemnement i donen la benvinguda per unanimitat al nou membre Alfons Soldevila. Mai no s'havia produït una situació similar: un arquitecte amb dret a situar-se en qualsevol dels grups que componen el club. D'una manera discreta, educada i sincera, Alfons Soldevila agraeix enormement l'homenatge, però decideix declinar la invitació. Té la sensació que el Club de l'Arquitectura del Moviment encasella la seva obra d'una manera massa rígida, massa estàtica, segons el seu parer; sent que també necessita formar part del Club dels Pedagogs de l'Arquitectura, del Club dels Inventors, del Club dels Enginyers de Materials, del Club dels Viatgers Empedreïts, del Club dels Investigadors Nats...

Lluís Ortega

El Club de la Arquitectura del Movimiento es un club bastante singular, que, como su nombre indica, reúne a arquitectos que desarrollan investigaciones que relacionan la arquitectura con el movimiento. Cada año se encuentran en un lugar diferente, discuten sus propuestas, recuerdan viejas aventuras y evalúan los trabajos de los candidatos que ingresarán en un grupo tan selecto.

La disparidad de temperamentos de sus integrantes hace que cada encuentro se convierta en el escenario de encendidos debates. Hace pocos años, se reunieron en una edición especialmente memorable por la discusión que tuvo lugar. Previamente a cada uno de los encuentros, buscan una nueva sede para desarrollar su reunión, situación que los miembros del club aprovechan para visitar a arquitectos y obras de interés que tengan relación con alguno de los temas que les unen.

La sesión que les quiero relatar tuvo lugar en Barcelona. Los miembros del club habían oído hablar de un arquitecto que había diseñado unas sillas móviles y decidieron ir a visitarlo a su casa de Badalona. Al llegar a la casa, y tras realizar un breve recorrido por el lugar y haber hablado con su anfitrión, decidieron constituir de inmediato su sesión plenaria en el jardín y discutir una serie de puntos urgentes. Para ello, ocuparon una construcción de policarbonato totalmente translúcida que encontraron en el lugar.

La constitución de la sesión siguió el ritual habitual. Ese año el presidente rotatorio del encuentro —pues había pocas cosas que no fueran dinámicas en este Club de la Arquitectura del Movimiento— era Louis I. Kahn, cuyo prestigio como arquitecto del movimiento se basaba en sus conocidos esquemas para la circulación de Filadelfia, un proyecto que le había permitido obtener un puesto vitalicio en el club. A pesar de su fama de personaje rígido y de trato un tanto áspero, Kahn era un buen organizador, de modo que, después de dividir el lugar en espacios servidos y sirvientes —una zona de servicio y otra de trabajo—, se puso manos a la obra con dos objetivos principales en mente: sentar a los miembros del club en el orden preestablecido y establecer el orden del día de la reunión.

La primera particularidad de esa reunión fue que —a causa de las sillas del anfitrión— el orden de los miembros del club no era el habitual. Por su particular diseño, las sillas que allí había fascinaron a todos y cada uno los socios. Se trataba de unos extraños artilugios que, además de servir de asiento, permitían el desplazamiento por la sala sin necesidad de levantarse, de modo que el presidente Kahn consideró que el orden de los asientos era algo totalmente irrelevante y, tras saludar brevemente a los asistentes, pasó directamente al orden del día: "Queridos miembros del Club de la Arquitectura del Movimiento: este año nos encontramos ante una situación bien particular. No sólo no hemos seguido nuestro orden de posición en los asientos —por culpa de las sillas móviles de nuestro anfitrión—, sino que el orden del día pactado el año pasado ha perdido toda su relevancia ante el trabajo que nos rodea. Propongo que no perdamos el tiempo en discutir los puntos pendientes y pasemos directamente a debatir una cuestión que considero prioritaria: la admisión como miembro vitalicio del club de nuestro anfitrión aspirante Alfons Soldevila." Los miembros del grupo se miraron mutuamente y, admirados por la capacidad de reacción y por la flexibilidad que había demostrado su rígido presidente rotatorio, aprobaron la moción con un murmullo afirmativo que no dejó lugar a dudas. De este modo, se inició el proceso de admisión del aspirante, proceso que requería que cada miembro identificase proyectos del autor que fuesen de relevancia para el club.

El presidente otorgó la palabra primero a los representantes de las primeras vanguardias, los constructivistas rusos, quienes mencionaron la estación de tren de alta velocidad y las estaciones de la línea 9 del metro de Barcelona como proyectos dignos de atención. La referencia constante de los constructivistas a la velocidad de las máquinas que albergan las estaciones fue del agrado del resto de los miembros asociados, que aplaudieron la economía de recursos que maximizaban los efectos dinámicos de ambos proyectos.

Inmediatamente después tomó la palabra el portavoz de los expresionistas. Sentada junto a los constructivistas y haciéndose sitio entre ambos grupos de una manera un tanto forzada, estaba la arquitecta invitada Zaha Hadid. El portavoz romántico se mostró entusiasmado y citó los proyectos remarcables para el hito urbano de los Juegos Olímpicos de París, el proyecto para BCN Skyline, el Museo de Medio Ambiente de Lleida y el zoo vertical de Puerto Madero, en Buenos Aires. La relación heroica y pictórica con el paisaje de todos estos proyectos sedujo, sin lugar a dudas, a todos los románticos del club, puesto que, sin caer en metáforas altisonantes o efectismos de escala, cada proyecto se sitúa en una relación directa con el paisaje, sin reconstruirlo de manera integral.

Casi sin esperar a que les fuera otorgada la palabra, los arquitectos modernos no ortodoxos empiezan a hablar todos al mismo tiempo. Como sucede en cada reunión, este es un grupo un tanto bullicioso y vitalista, que no consigue hablar con una única voz; los miembros de Archigram, Charles y Ray Eames, Superstudio y los metabolistas japoneses derrochan entusiasmo. Cuando, por fin, se logra entender algo de lo que dicen, queda bien clara su preferencia por proyectos como las sillas reptadoras y móviles, las viviendas con diferentes posiciones en el espacio, los contenedores desplazables y las viviendas oruga. Naturalmente, sus razones difieren, pero coinciden en destacar la ingeniosa introducción de la máquina y la fascinación por el mecanismo como material arquitectónico a todas las escalas. Por otro lado, también resaltan la cuidadosa relación con el usuario y la confianza en su gestión de la máquina diseñada. Charles Eames menciona el humor y la inventiva desbocada, pues él es siempre quien consigue poner un poco de sentido común en el grupo.

El siguiente en tomar la palabra es Richard Buckminster Fuller, el único miembro del club familiarizado con el trabajo de Alfons Soldevila antes de llegar a Barcelona. No le cuesta nada identificar las obras que le resultan más afines: la hectárea desplazable, la catedral instantánea construida desde el aire, la tienda de campaña, la mezquita alfombra, la cúpula de diversos diámetros y posiciones y la escuela de emergencia. La capacidad de integrar estrategias ingenieriles y logísticas de escala territorial en proyectos de arquitectura se combina con una alta sensibilidad hacia las culturas lejanas y las situaciones extremas. A estas alturas de la reunión, los miembros del club están más que convencidos de la pertinencia del ingreso de Alfons Soldevila al club, algo que Bucky Fuller nota y aprovecha la ocasión para alargar un poco más de la cuenta su discurso sobre la cúpula de diversos diámetros y posiciones. No obstante, el presidente Kahn le retira la palabra, en un gesto educado pero firme, y da paso al siguiente portavoz.

Toma la palabra el portavoz del movimiento moderno, que, según el orden del día, debía ser Le Corbusier, pero como siempre está ocupado y ha mandado a uno de sus primos para que le represente, el cual se refiere de una manera un tanto burocrática a los cilindros solares y a la biblioteca de Kansai como proyectos dignos de admiración. Todos los miembros del club reconocen y aplauden el valor de los proyectos y critican la pobre presentación del representante de los arquitectos modernos, quien se excusa arguyendo que su función en la reunión consistía en centrar la atención sobre dichos proyectos, objetivo que ha cumplido, y que la forma es algo secundario; el grupo se ríe al unísono, pues lleva repitiendo la cantinela sobre la forma y la función durante años y ya nadie se cree nada.

Por proximidad a los modernos, le toca el turno al grupo high tech. Su selección es muy clara, y, mediante una presentación en PowerPoint, exponen unas imágenes que se funden entre sí de una forma sofisticada. Eligen el polideportivo de cubierta desplazable, la casa translúcida —cuyo fragmento sirve de cobijo para la reunión— y la cubierta de Sant Andreu de la Barca, una selección previsible, como suele ocurrir con este grupo. Tal como manifiesta su portavoz, estos proyectos depositan su confianza en la ligereza de sus elementos y en la tecnología que los construye y los controla, para conseguir efectos espaciales y ambientales de alta definición.

A continuación, el presidente llama al estrado al representante de los situacionistas; después de dos o tres llamadas sin respuesta, se decide pasar la palabra al grupo siguiente, pues, como ya es habitual, su representante Constant aún no ha regresado de su deriva por la ciudad. En cada reunión, se encuentran con el mismo problema con este grupo, aunque no se les puede negar un compromiso real con la arquitectura del movimiento, por lo que aún no les han abierto un expediente disciplinario.

Queda para el último lugar el grupo digital, que está escindido en dos secciones: la de quienes defienden los proyectos interactivos y la de los partidarios de las arquitecturas animadas. Ambos hacen una declaración conjunta en la que aprecian la operatividad predigital de Alfons Soldevila por su sistematicidad y su lógica basada en iteraciones. Los partidarios de la arquitectura interactiva señalan el proyecto de la lámpara en constante movimiento, la pérgola que sigue el movimiento del sol y las viviendas con salas de estar desplazables, de los que destacan que la reacción dinámica no persigue una optimización funcionalista, sino una intensidad vitalista. Por su parte, los partidarios de las arquitecturas animadas comentan, de manera entusiasta, el proyecto para la pérgola adaptable al tamaño del árbol, las viviendas rotatorias según el viento, la casa rotacional y la casa noria.

En cuanto acaban de glosar el último proyecto, el club se pone solemnemente en pie y da la bienvenida por unanimidad al nuevo miembro Alfons Soldevila. Nunca se había producido una situación similar: un arquitecto con derecho a situarse en cualquiera de los grupos que componen el club. De una manera discreta, educada y sincera, Alfons Soldevila agradece enormemente el homenaje, aunque decide declinar la invitación. En cierto modo, considera que el Club de la Arquitectura del Movimiento encasilla su obra de un modo demasiado rígido, demasiado estático en su opinión; siente que también necesita formar parte del Club de los Pedagogos de la Arquitectura, del Club de los Inventores, del Club de los Ingenieros de Materiales, del Club de los Viajeros Empedernidos, del Club de los Investigadores Natos…

Lluís Ortega

INTRODUCCIÓ //
INTRODUCCIÓN

LA ARQUITECTURA I EL MOVIMENT //
LA ARQUITECTURA Y EL MOVIMIENTO

Al llarg de la història de l'arquitectura, els materials de construcció han variat en qualitat i resistència. El pes dels materials ha estat un element fonamental en aquesta evolució. Treballar amb materials poc pesats i resistents ha permès fer evolucionar els sistemes constructius i l'arquitectura. Treballar amb materials molt pesants podia limitar l'alçada. Una construcció molt alta i pesada es podia esfondrar pel seu propi pes. Treballar amb materials resistents ha permès utilitzar seccions més petites i dissenyar edificis més esvelts i lleugers. Pot ser interessant comparar el pes d'algunes construccions tradicionals o poc convencionals. El pes d'una tenda de campanya pot arribar a ser d'1 quilo per metre quadrat. El pes d'una rulot és d'uns 25 quilos per metre quadrat (im. 1). El pes d'un vagó de tren tipus "Talgo" en el qual hi ha dormitoris i banys és de 250 quilos per metre quadrat (im. 2). El pes d'un edifici modern i emblemàtic del segle xx, com la Villa Savoye de Le Corbusier, pesa una mitjana de 1.000 quilos per metre quadrat (im. 3). Això fa pensar que actualment hi poden haver habitatges molt més lleugers que els habitatges considerats moderns al segle xx. També es pot veure que hi ha edificis que s'han avançat al seu temps. És el cas de la casa de Charles Eames i de les d'en Buckminster Fuller (im. 4 i 5).

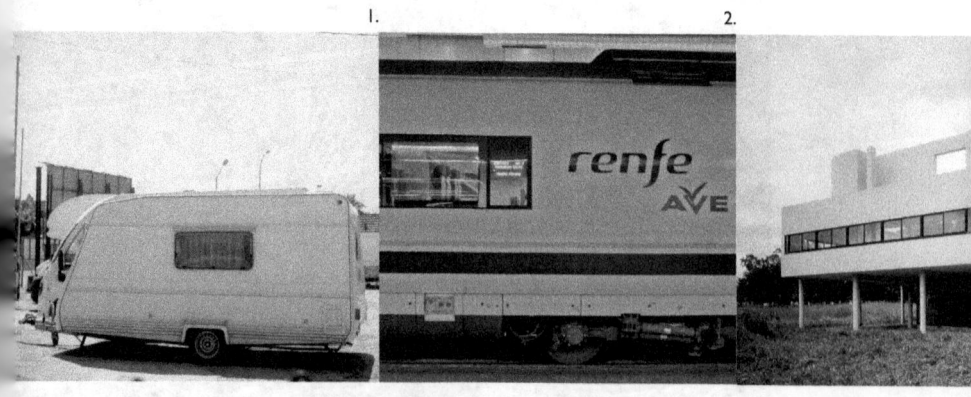

1.   2.

A lo largo de la historia de la arquitectura, los materiales de construcción han variado en calidad y resistencia. El peso de los materiales ha sido un elemento fundamental en esta evolución. Trabajar con materiales poco pesados y resistentes ha permitido hacer evolucionar los sistemas constructivos y la arquitectura. El trabajo con materiales muy pesados podía limitar la altura. Una construcción muy elevada y pesada podía aplastarse debido a su propio peso. Trabajar con materiales resistentes ha permitido utilizar secciones más pequeñas y diseñar edificios más esbeltos y ligeros. Puede ser interesante comparar el peso de algunas construcciones, tradicionales o poco convencionales. El peso de una tienda de campaña puede llegar a ser de 1 kilo por metro cuadrado. El peso de una roulotte es de unos 25 kilos por metro cuadrado (im. 1). El peso de un vagón de tren tipo "Talgo" en el que hay dormitorios y baños es de 250 kilos por metro cuadrado (im. 2). El peso de un edificio moderno y emblemático del siglo xx como la Villa Savoye de Le Corbusier pesa una media de 1.000 kilos por metro cuadrado (im. 3). Esto hace pensar que actualmente pueden haber viviendas mucho más ligeras que las viviendas consideradas modernas en el siglo xx. También se puede ver que hay edificios que se han adelantado a su tiempo. Es el caso de la casa de Charles Eames y las de Buckmister Fuller (im. 4 y 5).

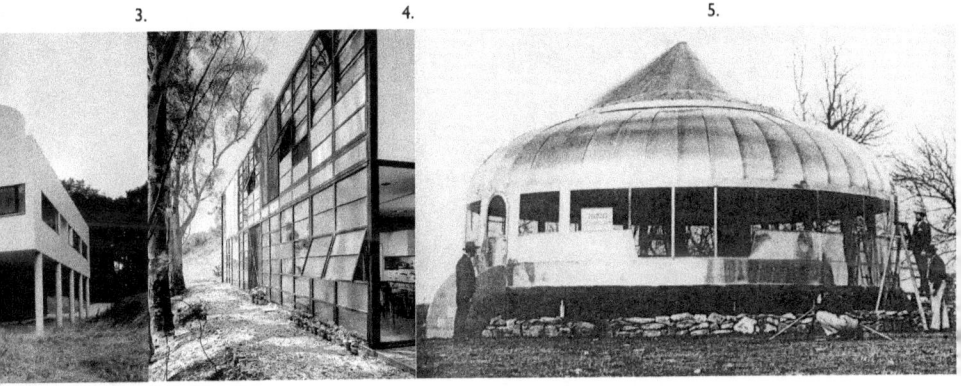

3. 4. 5.

Si analitzem la petjada dels edificis al llarg de la història seguint el llibre d'Eduardo Sacriste *La huella de los edificios*, veurem l'evolució del volum i el pes. La petjada d'un temple egipci com el de Luxor té els pilons de més de 4 metres d'amplada, murs d'1,5 metres d'amplada i columnes de més de 2 metres de diàmetre (im. 6). Si analitzem la petjada dels temples grecs, veiem que els murs del Partenó són de 0,80 metres i les columnes, d'1 metre de diàmetre (im. 7). (Sta Sofia, im. 8). En els edificis de Mies van der Rohe, com la Universitat de Chicago, pràcticament ha desaparegut, ja que és únicament de 10 centímetres (im. 9). Així successivament anem veient que la petjada dels edificis va disminuint al llarg de la història de l'arquitectura. La comparació de les plantes d'alguns edificis històrics pot ajudar a entendre el volum i el pes d'edificis importants i representatius. Per exemple, la comparació de la planta de Sant Pere de Roma amb la de l'església de Ronchamp de Le Corbusier, o la comparació de la planta de Sant Pere de Roma amb la de la Colònia Güell de Gaudí (im. 10). La petjada és proporcional a la dimensió; malgrat això, es podria comparar amb l'espai interior. Aquestes dades es podrien comparar amb els mateixos espais si estiguessin construïts amb materials actuals. Les proporcions serien similars a la petjada de l'edifici de Mies van der Rohe amb relació als tres edificis esmentats. La conclusió és que la qualitat i la resistència dels materials han augmentat i que el pes ha disminuït.

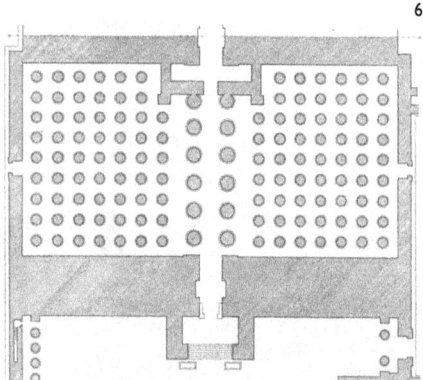

6.

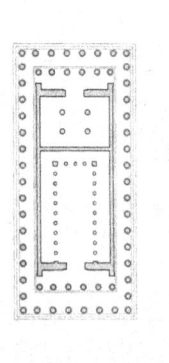

7.

Si analizamos la huella de los edificios a lo largo de la historia siguiendo el libro de Eduardo Sacriste La huella de los edificios, veremos la evolución del volumen y el peso. Un templo egipcio como el de Luxor tiene los pilonos de más de 4 metros de anchura, muros de 1,50 metros de anchura y columnas de más de 2 metros de diámetro (im. 6). Si analizamos la huella de los templos griegos, vemos que los muros del Partenón son de 0,80 metros y las columnas, de 1 metro de diámetro (im. 7). (Sta Sofia im. 8). La huella de los edificios de Mies van der Rohe, como la Universidad de Chicago, prácticamente ha desaparecido, puesto que es únicamente de 10 cm (im. 9). Así sucesivamente vamos viendo que la huella de los edificios va disminuyendo a lo largo de la historia de la arquitectura. La comparación de las plantas de algunos edificios históricos puede ayudar a entender el volumen y el peso de edificios importantes y representativos. Por ejemplo, la comparación de la planta de San Pedro de Roma en relación con la de la iglesia de Ronchamp de Le Corbusier, o la comparación de la planta de San Pedro de Roma con la planta de la Colonia Güell de Gaudí (im. 10). La huella es proporcional a la dimensión; pese a ello, se podría comparar con el espacio interior. Estos datos se podrían comparar con los mismos espacios si estuvieran construidos con materiales actuales. Las proporciones serían similares a la huella del edificio de Mies van der Rohe con relación a los tres edificios mencionados. La conclusión es que la calidad y la resistencia de los materiales han aumentado y que el peso ha disminuido.

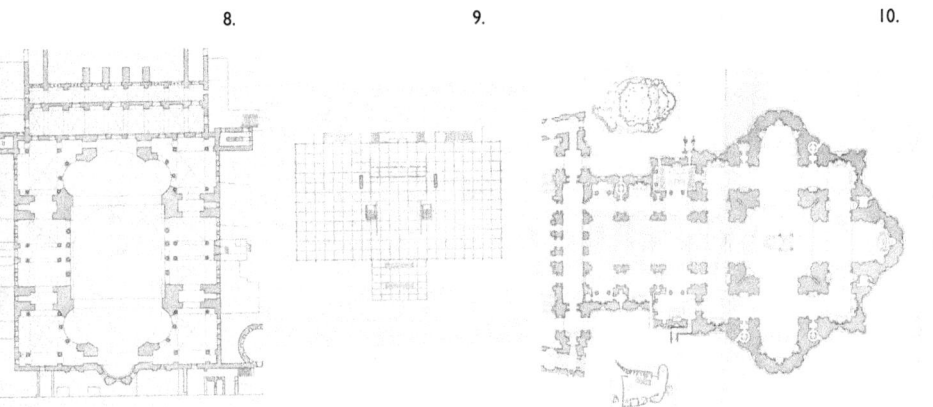

8. 9. 10.

Si un edifici és lleuger i relativament petit, és possible desplaçar-lo, si es vol. Si un terra o un forjat d'un edifici són lleugers, es podran desplaçar horitzontalment i verticalment. Si una façana és molt lleugera, es podrà desplaçar o es podrà treure per un període de temps determinat. Un edifici amb aquestes condicions podrà tenir una certa flexibilitat en el moment d'emplaçar-lo. També podrà tenir una certa flexibilitat en el moment de compartimentar-ne l'espai interior. Tot això pot produir, com a conseqüència, una arquitectura amb un caràcter menys fix. Pot donar lloc a una arquitectura en moviment. Això és el que fa que grans construccions, com els transatlàntics o els petroliers, es puguin desplaçar horitzontalment (im. 13, 16). També grans construccions, com les plataformes petrolíferes, es poden desplaçar horitzontalment i verticalment (im. 11, 12). Construccions de gran desplegament poden girar. Grans construccions aeronàutiques poden volar (im. 14, 15). Tot això fa que la qualitat de l'arquitectura pugui variar substancialment.

11.   12.

Si un edificio es ligero y relativamente pequeño, es posible desplazarlo, en su caso. Si un suelo o un forjado de un edificio són ligeros, podrán desplazarse horizontal y verticalmente. Si una fachada es muy ligera, podrá desplazarse o se podrá sacar por un período de tiempo determinado. Un edificio con estas condiciones podrá tener una cierta flexibilidad de emplazamiento. También podrá tener una cierta flexibilidad en el momento de compartimentar su espacio interior. Todo esto puede producir, como consecuencia, una arquitectura con un carácter menos fijo. Puede dar lugar a una arquitectura en movimiento. Esto es lo que explica que grandes construcciones, como los transatlánticos o los petroleros, puedan desplazarse horizontalmente (im. 13, 16). También grandes construcciones, como las plataformas petrolíferas, se pueden desplazar horizontal y verticalmente (im. 11, 12). Construcciones de gran despliegue pueden rotar. Grandes construcciones aeronáuticas pueden volar (im. 14, 15). Todo ello permite que la calidad de la arquitectura pueda variar sustancialmente. .

13. 14. 15. 16.

ANTECEDENTS //
ANTECEDENTES

UNA HECTÀREA DESPLAÇABLE //
UNA HECTÀREA DESPLAZABLE

Una estructura mínima de quatre metres per quatre metres pot ser extraordinàriament lleugera. Si s'hi posen rodes a cada costat, es pot desplaçar amb molta facilitat. La unió de dos elements o més pot ser molt rígida i es pot fer a la part inferior, a la part mitjana i a la part superior. Es pot aconseguir una superfície de cent per cent metres quadrats. El conjunt pot tenir molt poc fregament i, per tant, ser fàcilment desplaçable. El pes de la construcció pot ser inferior a quinze quilos per cada metre quadrat. Està grafiat amb un tractor però, en realitat, caldrien ajudes intermèdies, amb cables i elements auxiliars. La situació hauria de ser un espai similar a una pista d'aeroport. L'espai cobert desplaçable comportaria situacions molt especials en el territori. L'espai interior tindria una immensitat de columnes, unes 1.600: tres vegades més que la mesquita de Còrdova. La il·luminació zenital, conjuntament amb l'amplitud visual, crearia un espai extraordinàriament singular.

Una estructura mínima de cuatro metros por cuatro metros puede ser extraordinariamente ligera. Si se le ponen ruedas a cada lado, se puede desplazar con suma facilidad. La unión de dos o más elementos puede ser muy rígida y se puede hacer en la parte inferior, en el punto medio y en la parte superior. Se puede conseguir una superficie de cien por cien metros cuadrados. El conjunto puede tener muy poco rozamiento y, por tanto, ser fácilmente desplazable. El peso de la construcción puede ser inferior a quince quilos por cada metro cuadrado. Está grafiado con un tractor pero, en realidad, se precisarían ayudas intermedias, con cables y elementos auxiliares. La situación tendría que ser un espacio similar a una pista de aeropuerto. El espacio cubierto desplazable comportaría situaciones muy especiales en el territorio. El espacio interior tendría una inmensidad de columnas, unas 1.600: tres veces más que la mezquita de Córdoba. La iluminación cenital, conjuntamente con la amplitud visual, crearía un espacio extraordinariamente singular.

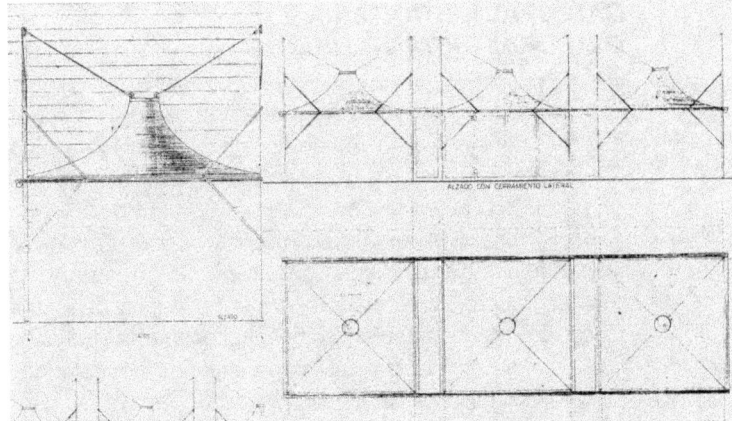

Mòduls de 4 metres per 4 metres, coberts amb lones tesades amb cables superiors, i amb quatre rodes // Módulos de 4 metros por 4 metros, cubiertos con lonas tensadas con cables superiores, y con cuatro ruedas.

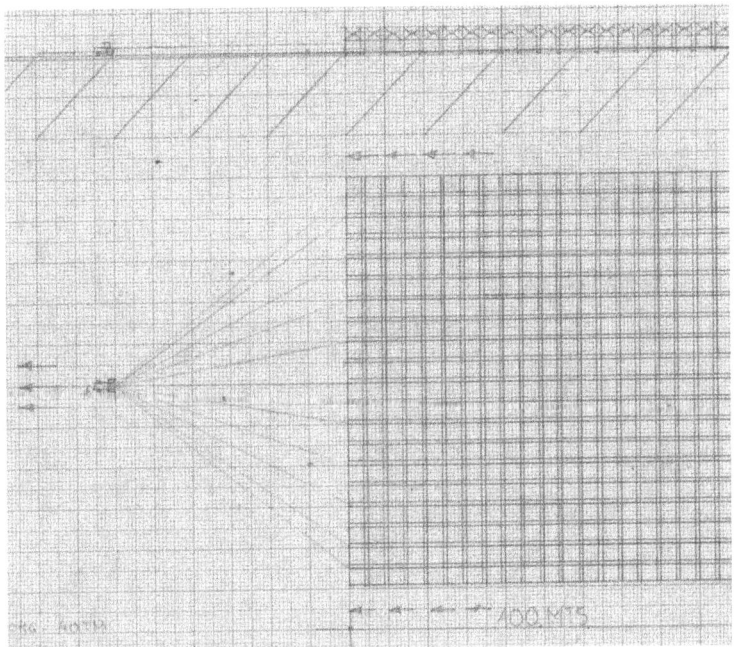

Mòduls de 4 metres per 4 metres, units per formar una gran superfície desplaçable // Módulos de 4 metros por 4 metros, unidos para formar una gran superficie desplazable.

CATEDRAL INSTANTÀNIA //
CATEDRAL INSTANTÁNEA

Per veure l'espai interior d'una catedral, a vegades ha calgut que passés un segle. Un espai de dimensions similars, amb una qualitat diferent, es pot crear de forma molt més ràpida. L'any 1970, en un festival de música (Canet Rock), vàrem aixecar amb dues grues unes "bambolines" d'unes dimensions molt considerables de manera instantània. Una grua situada a cada contrafort d'una catedral, com la de Girona, permetria tancar pràcticament tot el perímetre i contenir tot el volum de la catedral. Les teles o malles, preferentment translúcides, anirien penjades dels cables, sensiblement horitzontals i perimetralment ancorades amb elements elàstics per absorbir les deformacions degudes al vent. Els cables anirien connectats amb altres cables, que penjarien de l'extrem del braç de la grua. El vent seria l'enemic principal de la construcció i caldria col·locar anemòmetres per controlar-lo. Des del gran espai interior translúcid, seria possible veure les ombres i l'ordre dels contraforts exteriors.

Para ver el espacio interior de una catedral, a veces ha tenido que transcurrir un siglo. Un espacio de dimensiones similares, con una calidad diferente, se puede crear de forma mucho más rápida. En 1970, en un festival de música (Canet Rock), levantamos con dos grúas unas "bambalinas" de dimensiones muy considerables de manera instantánea. Una grúa situada en cada uno de los contrafuertes de una catedral, como la de Girona, permitiría cerrar prácticamente todo el perímetro y contener todo el volumen de la catedral. Las telas o mallas, preferentemente traslúcidas, irían colgadas de los cables, sensiblemente horizontales y perimetralmente ancladas con elementos elásticos para absorber las deformaciones debidas al viento. Los cables irían conectados con otros cables, que colgarían del extremo del brazo de la grúa. El viento sería el enemigo principal de la construcción y tendrían que colocarse anemómetros para controlarlo. Desde el gran espacio interior traslúcido, sería posible ver las sombras y el orden de los contrafuertes exteriores.

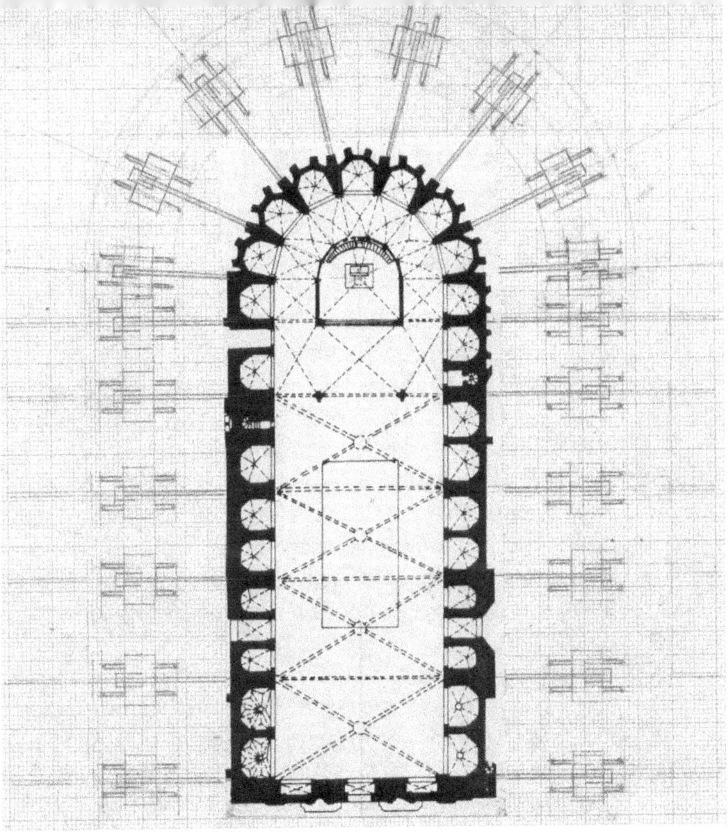

Dimensions de la planta similars a la catedral de Girona. Grues situades a cada contrafort. Volum de dimensions similars a la catedral // Dimensiones de la planta similares a la catedral de Girona. Grúas situadas a cada uno de los contrafuertes. Volumen de dimensiones similares a la catedral.

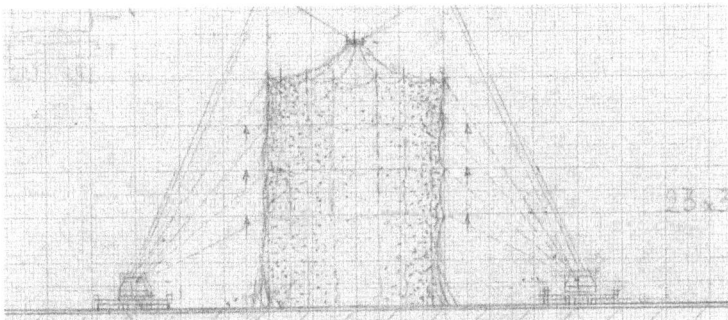

Bambolines de grans dimensions al festival Canet Rock de 1975 // Bambalinas de grandes dimensiones en el festival Canet Rock de 1975.

COBERTA AMB ANCORATGES HUMANS //
CUBIERTA CON ANCLAJES HUMANOS

Trobar un punt alt en un espai obert és relativament fàcil. Una gran grua pot ser aquest punt alt. La grua pot variar d'alçada i es pot desplaçar suaument. Els ancoratges són més difícils d'obtenir. S'ha de foradar el terra sense conèixer les instal·lacions que hi poden haver. O s'ha de portar pes mort per estabilitzar la construcció. Les persones que assisteixen en un acte amb un "arnès" apropiat poden actuar com a ancoratges. És necessari establir les característiques de cada ancoratge (pes i nombre de persones per ancoratge). Tot això dependrà de la grandària de la coberta i dels esforços del vent. També es podrà dimensionar la grandària de la coberta en funció de la gent disponible per a un acte determinat. Un acte col·lectiu en un espai exterior es podria programar amb aquestes condicions.

Hallar un punto elevado en un espacio abierto es relativamente fácil. Una gran grúa puede ser este punto elevado. La grúa puede variar de altura y se puede desplazar suavemente. Resulta más difícil obtener los anclajes. Hay que agujerear el suelo desconociendo las instalaciones que pueda haber. O traer peso muerto para estabilizar la construcción. Las personas que asisten a un acto con un "arnés" apropiado pueden actuar como anclajes. Es necesario establecer las características de cada anclaje (peso y número de personas por anclaje). Todo esto dependerá del tamaño de la cubierta y de los esfuerzos del viento. También se podrá dimensionar el tamaño de la cubierta en función de las personas disponibles para un acto determinado. Un acto colectivo en un espacio exterior se podría programar con estas condiciones.

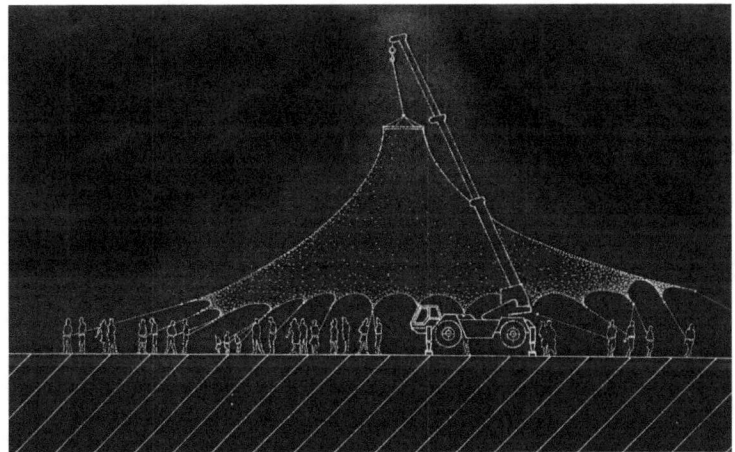

Coberta amb grua al punt superior i persones com a ancoratges perimetrals // *Cubierta con grúa en su punto superior y personas como anclajes perimetrales.*

COBERTA COL·LECTIVA D'UN GRUP DE PERSONES // *CUBIERTA COLECTIVA DE UN GRUPO DE PERSONAS*

Per protegir un grup de la pluja i, al mateix temps, tenir mobilitat, cal tenir punts alts al centre i punts més baixos al voltant. Una persona amb xanques és molt més alta que qualsevol persona normal. Aquesta persona pot estar al centre, envoltada d'altres persones més baixes. Els forats per on treuen el cap cal que estiguin protegits amb un coll alt per tal que l'aigua que baixa per la lona no hi entri. Cada persona ha d'estar protegida amb un gran barret per evitar que es mulli el cap i perquè no entri aigua a dins de la coberta. Les dimensions de la coberta depenen del nombre de persones. Tota la coberta es pot desplaçar en funció de la velocitat que acordi el grup de persones que integra el grup.

Para proteger un grupo de la lluvia y, al mismo tiempo, tener movilidad, es preciso tener puntos altos en el centro y puntos más bajos alrededor. Una persona con zancos es mucho más alta que cualquier persona normal. Esta persona puede situarse en el centro, rodeada de otras personas más bajas. Los agujeros por donde saquen la cabeza deberán estar protegidos con un cuello alto para que el agua que baja por la lona no entre. Cada persona ha de estar protegida con un gran sombrero para evitar que se moje la cabeza y para que no entre agua dentro de la cubierta. Las dimensiones de la cubierta dependerán del número de personas. Toda la cubierta se puede desplazar en función de la velocidad que acuerde el grupo de personas integrantes del grupo.

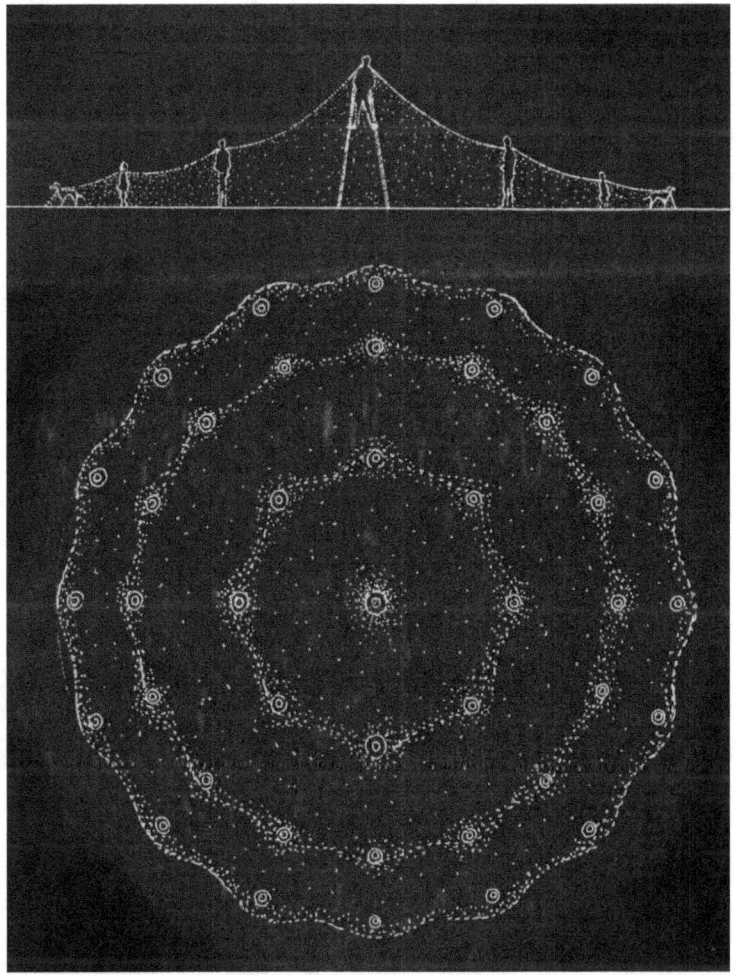

Coberta col·lectiva suportada per persones distribuïdes d'una manera decreixent per tal d'afavorir la sortida d'aigua // *Cubierta colectiva soportada por personas distribuidas de forma decreciente para favorecer la salida de agua.*

CIUTAT INSTANTÀNIA CONSTRUÏDA DES DE L'AIRE // *CIUDAD INSTANTÁNEA CONSTRUIDA DESDE EL AIRE*

Els assentaments d'emergència són necessaris en cas de terratrèmols, huracans, incendis, etc. Quan es produeix una catàstrofe d'aquest tipus, tot l'entorn queda alterat ja que les línies de comunicació es veuen modificades amb la caiguda de ponts, etc. Construir una ciutat des de l'aire pot ser molt pràctic i eficaç. El transport aeri permet solucionar el problema. El temps de caiguda pot ser molt útil per fer-ne la construcció. El pes dels primers auxilis, el pes de l'habitatge, i el pes complementari és l'energia necessària que, en caure, pot servir per muntar els habitatges. Una estructura molt elemental pretesada, en quedar lliure, es desplega i es converteix en un paracaigudes. Cal veure el muntatge instantani de la tenda de campanya. Analitzant la direcció del vent, es pot decidir la direcció dels carrers i, a partir d'aquí, se'n pot començar el llançament. L'alineació de les construccions serà sensiblement recta. El gir dels avions i els radis de gir acaben configurant l'amplada dels carrers. Els equipaments, de dimensions i formes diferents, se situaran en llocs equidistants dels habitatges.

Los asentamientos de emergencia son necesarios en caso de terremotos, huracanes, incendios, etc. Cuanto se produce una catástrofe de este tipo, todo el entorno queda alterado puesto que las líneas de comunicación son modificadas, con la caída de puentes, etc. Construir una ciudad desde el aire puede ser muy práctico y eficaz. El transporte aéreo permite solucionar el problema. El tiempo de caída puede ser muy útil para realizar la construcción. El peso de los primeros auxilios, el peso de la vivienda, y el peso complementario es la energía necesaria que, al caer, puede servir para montar las viviendas. Una estructura muy elemental pretensada, al quedar libre, se despliega y se convierte en paracaídas. Basta con ver el montaje instantáneo de la tienda de campaña. Analizando la dirección del viento, se puede decidir la dirección de las calles y, a partir de aquí, se puede empezar el lanzamiento. La alineación de las construcciones será sensiblemente recta. El giro de los aviones y los radios de giro acaban configurando la anchura de las calles. Los equipamientos, de medidas y formas diferentes, se situarán en lugares equidistantes de las viviendas.

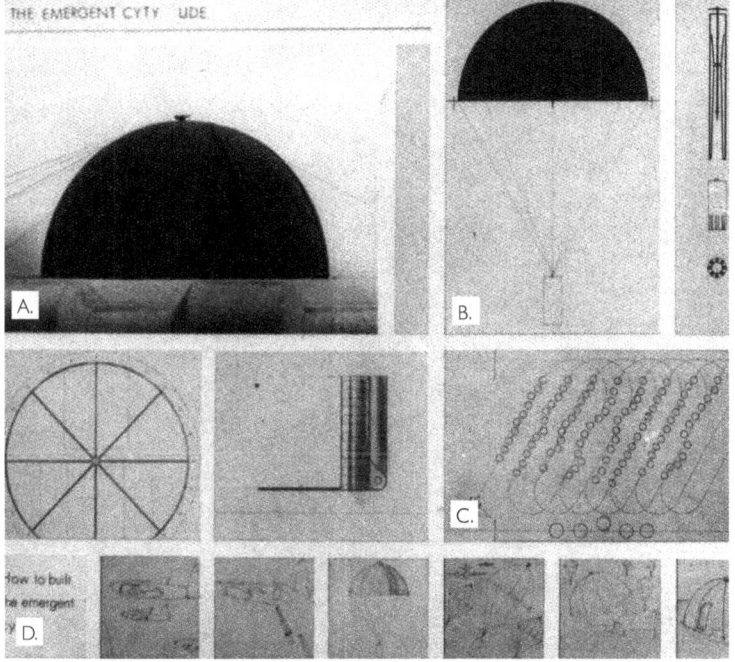

A. Refugi construït B. Construcció realitzada durant la caiguda C. Carrers de la ciutat construïts des de l'aire D. Procés de muntatge // A. Refugio construido B. Construcción realizada durante la caída C. Calles de la ciudad construidas desde el aire D. Proceso de montaje

COBERTA DESPLAÇABLE D'UN POLIESPORTIU
// CUBIERTA DESPLAZABLE DE UN POLIDEPORTIVO

La coberta d'un poliesportiu és eficaç quan s'hi està practicant algun esport. La resta del dia i durant la nit pràcticament no serveix per a res. Compartir una coberta entre tres o quatre pistes pot ser útil en un moment determinat i per a una pista. La coberta es pot desplaçar d'una manera molt elemental amb carrils per tal de cobrir la pista que interessa. Les altres pistes es poden utilitzar d'una manera més informal. A les pistes no cobertes els toca el sol i, per tant, poden tenir gespa. Repartint l'assolellament al llarg de tot el dia, poden tenir gespa totes les pistes. Segurament, en cas de pluja, té preferència una pista en la qual juguen vint-i-dues persones davant d'una altra en la qual únicament en juguin dues. També pot tenir més preferència una pista en la qual hi hagi un nombre important d'espectadors. Les lones de l'estructura es poden guardar i quedar únicament els arcs muntats.

La cubierta de un polideportivo es eficaz cuando se está practicando algún deporte. El resto del día y durante la noche prácticamente no sirve para nada. Compartir una cubierta entre tres o cuatro pistas puede ser útil en un momento determinado y para una pista. La cubierta se puede desplazar de una manera muy elemental con carriles para cubrir la pista que interesa. Las otras pistas se pueden utilizar de una manera más informal. A las pistas que no están cubiertas les da el sol y, por tanto, pueden tener césped. Repartiendo el soleamiento a lo largo de todo el día, pueden tener césped todas las pistas. Seguramente, en caso de lluvia, tiene preferencia una pista en la que juegen veintidós personas frente a otra en la que únicamente jueguen dos. También tendrá preferencia una pista en la que haya un número importante de espectadores. Las lonas de la estructura se pueden guardar y quedar únicamente los arcos montados.

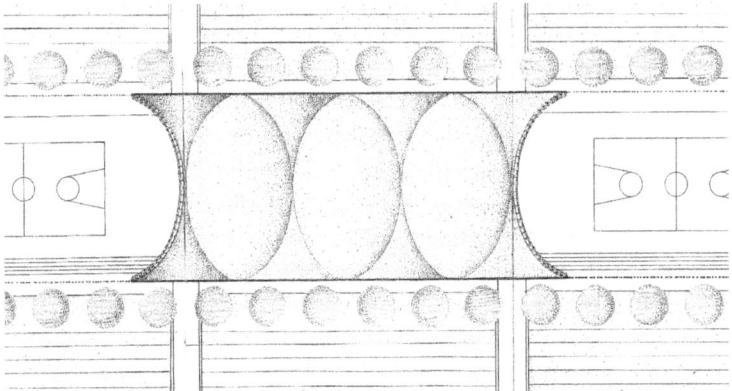

Conjunt de pistes que es poden cobrir desplaçant la coberta // *Conjunto de pistas que se pueden cubrir desplazando la cubierta.*

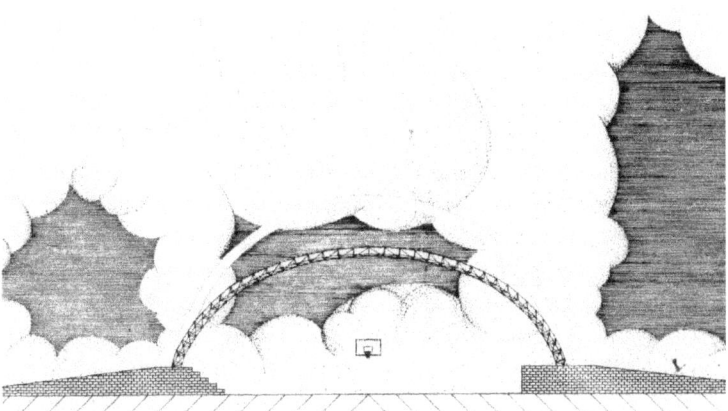

Secció de l'espai de joc // *Sección del espacio de juego.*

Vista general // *Vista general.*

LÀMPADA CONSTANTMENT EN MOVIMENT // LÁMPARA EN MOVIMIENTO CONSTANTE

Una làmpada en funcionament no té per què tenir la mateixa forma que quan està apagada. Una làmpada encesa és més dinàmica que una làmpada apagada. Una espelma s'escurça quan s'està consumint i la flama està constantment moviment. És una llum dinàmica. Les llums de les làmpades convencionals són estàtiques. Quan s'encén la bombeta d'una làmpada constantment en moviment, s'obre automàticament el ventilador i la columna queda inflada i il·luminada. La inèrcia del ventilador engegat fa que la làmpada estigui constantment en moviment ja que la plataforma de la base té rodes. Quan la làmpada està sola en un recinte i toca les parets pot rebotar i, si el perímetre és elàstic, els moviments poden arribar a ser imprevisibles. Quan les làmpades estan disposades linealment emmarcant un passeig, tenen uns moviments relatius que donen una gran mobilitat a l'espai. La làmpada apagada queda amb formes diferents, que es poden interpretar com a escultures de durada limitada fins que es torna a encendre.

Una lámpara en funcionamiento no tiene por qué tener la misma forma que cuando está apagada. Una lámpara encendida es más dinámica que una lámpara apagada. Una vela se acorta cuando se está consumiendo y la llama está en constante movimiento. Es una luz dinámica. Las luces de las lámparas convencionales son estáticas. Cuando se enciende la bombilla de una lámpara en movimiento constante, se abre automáticamente el ventilador y queda la columna hinchada e iluminada. La inercia del ventilador encendido hace que la lámpara esté en constante movimiento, puesto que la plataforma de la base tiene ruedas. Cuando la lámpara está sola en un recinto y toca a las paredes, puede rebotar y, si el perímetro es elástico, los movimientos pueden llegar a ser imprevisibles. Cuando las lámparas están dispuestas linealmente enmarcando un paseo, tienen unos movimientos relativos que dan una gran movilidad al espacio. La lámpara apagada queda con formas diferentes, que se pueden interpretar como esculturas de duración limitada hasta que se vuelve a encender.

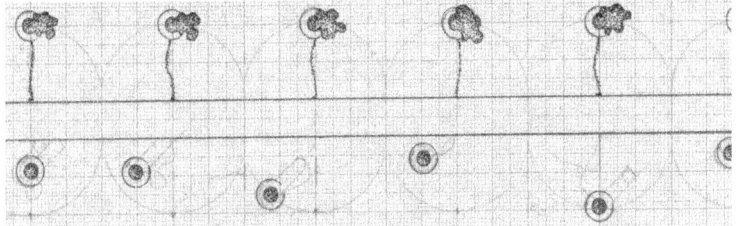

Làmpades enceses i en moviment emmarcant un passeig. La subjecció en un punt, a més de l'alimentació, limita el moviment a un cercle // *Lámparas encedidas y en movimiento enmarcando un paseo. La sujeción en un punto, además de la alimentación, limita el movimiento a un círculo.*

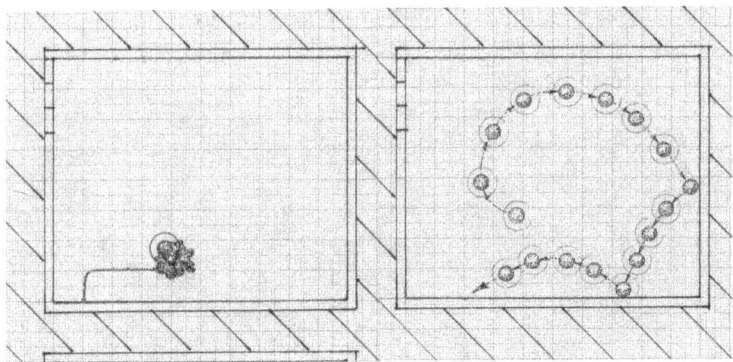

La base elàstica del perímetre inferior de la làpada fa que la inèrcia del ventilador la porti contra les parets i reboti canviant de direcció // *La base elástica del perímetro inferior de la lámpara hace que la inercia del ventilador la atraiga contra las paredes y rebote cambiando de dirección.*

D'esquerra a dreta: a) posició estructural de la làmpada quan està apagada; b) mecanisme de base amb rodes i perímetre elàstic, gàbia metàl·lica superior per evitar que, quan es desinfli, es cremi el plàstic; c) làmpada construïda en moviment // *De izquierda a derecha: a) posición estructural de la lámpara cuando está apagada; b) mecanismo de base con ruedas y perímetro elástico, reja metálica superior para evitar que, cuando se deshinche, se queme el plástico; c) lámpara construida en movimiento.*

CADIRA REPTADORA // *SILLA REPTADORA*

Tots els moviments que normalment té una cadira amb rodes. El balancí no té rodes i permet fer moviments de vaivé. El cos humà, quan està separat del terra, pot fer diferents moviments i pot tenir, com a conseqüència, diferents posicions en relació amb l'entorn. Fent moviments de vaivé amb el cos, endavant i enrere, i elevant lleugerament els suports pot avançar. Les escales utilitzades per treballar a 4 metres d'alçada en la construcció de l'envelat català permetien fer una volta d'uns 100 metres sense baixar. El disseny d'aquesta escala es basava a tenir un tram més llarg que l'altre i la persona que l'utilitzava pressionava per fer el vaivé i avançar. El principi del moviment és el mateix, malgrat que la posició de la persona sigui totalment diferent. Una persona que utilitzi aquesta cadira pot manipular-la en funció de l'habilitat que sigui capaç d'assolir.

Todos los movimientos que normalmente tiene una silla son gracias a las ruedas. El balancín no tiene ruedas pero permite hacer movimientos de vaivén. El cuerpo humano, cuando está separado del suelo, puede realizar diferentes movimientos, que pueden tener como consecuencia diferentes posiciones en relación con el entorno. Haciendo movimientos de vaivén con el cuerpo, hacia delante y hacia atrás, y elevando ligeramente los puntos de apoyo, puede avanzar. Las escaleras utilizadas para trabajar a 4 metros de altura en la construcción de entoldados catalanes permitían dar una vuelta de unos 100 metros sin bajar. El diseño de esta escalera consistía en un tramo más largo que el otro y en que la persona que la utilizaba presionaba para hacer el vaivén y avanzar. El principio del movimiento de la silla reptadora es el mismo pese a que la posición de la persona sea totalmente diferente. Una persona utilizando esta silla puede manipularla en función de la habilidad de que sea capaz.

De dalt a baix // De arriba abajo.

Escales utilitzades pels qui fan envelats i que permet fer tota la volta al recinte sense baixar // Escaleras utilizadas por quienes hacen entoldados y que permite dar toda la vuelta al recinto sin bajar.

Tamboret baix que permet el moviment de vaivé per desplaçar-se // Taburete bajo que permite el movimiento de vaivén para desplazarse.

Tamboret alt que permet el mateix moviment de vaivé // Taburete alto que permite el mismo movimiento de vaivén.

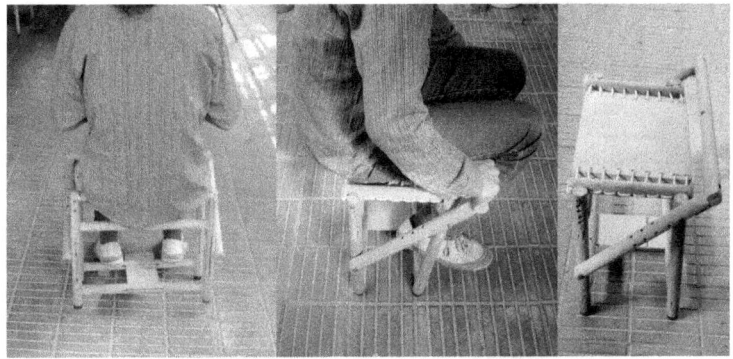

CADIRA QUE OCUPA DIFERENTS POSICIONS A L'ESPAI // *SILLA QUE OCUPA DIFERENTES POSICIONES EN EL ESPACIO*

L'estructura de la cadira està penjada per un punt. Desplaçar aquest punt verticalment és relativament senzill. Pot ser mitjançant un sistema de politges o amb un polipast molt elemental. Per tenir fixada una posició concreta a l'espai calen dos punts fixos al sostre amb dues cordes penjant. Aquests dos punts auxiliars controlen les posicions horitzontals. Disposant en un gran espai una retícula de punts al sostre, des d'on pengin cadires, tindrem un pla totalment ocupat. Manipulant l'alçada de cada cadira en funció de les preferències de l'usuari, tindrem tot el volum ocupat. Una altra possibilitat fóra penjar els punts de subjecció de la cadira en una guia Klein. S'aconseguiria tot un pla amb desplaçaments horitzontals i a diferents alçades.

La estructura de la silla pende de un punto. Desplazar este punto verticalmente es relativamente sencillo. Puede realizarse mediante un sistema de poleas o con un polipasto muy elemental. Para tener fijada una posición concreta en el espacio, se requieren dos puntos fijos en el techo, con dos cuerdas colgando. Estos dos puntos auxiliares controlan las posiciones horizontales. Disponiendo en un gran espacio una retícula de puntos en el techo de donde pendan las sillas tendremos un plano totalmente ocupado. Manipulando la altura de cada silla en función de las preferencias del usuario, tendremos todo el volumen ocupado. Otra posibilidad sería colgar los puntos de sujeción de la silla en una guía Klein. Se conseguiría así un plano entero con desplazamientos horizontales y a diferentes alturas.

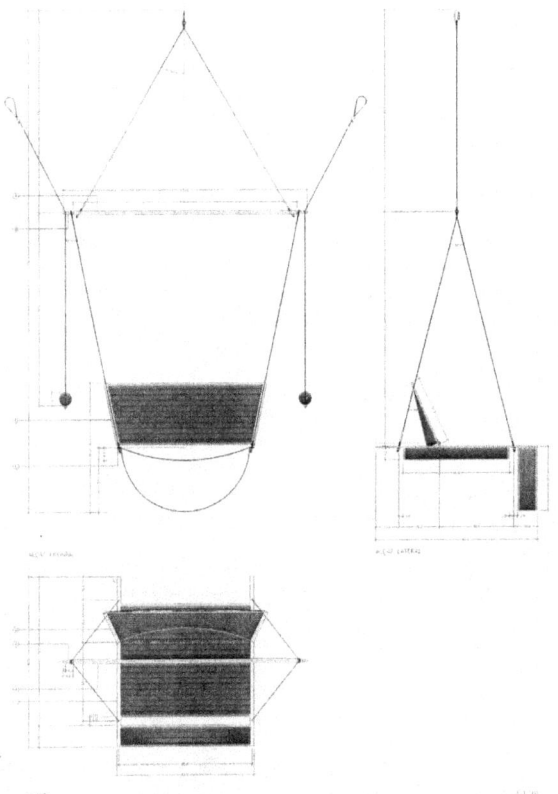

La cadira va penjada d'un cable i no toca a terra, de manera que pot tenir qualsevol posició a l'espai // La silla va colgada de un cable y no toca al suelo, por lo que puede tener cualquier posición en el espacio.

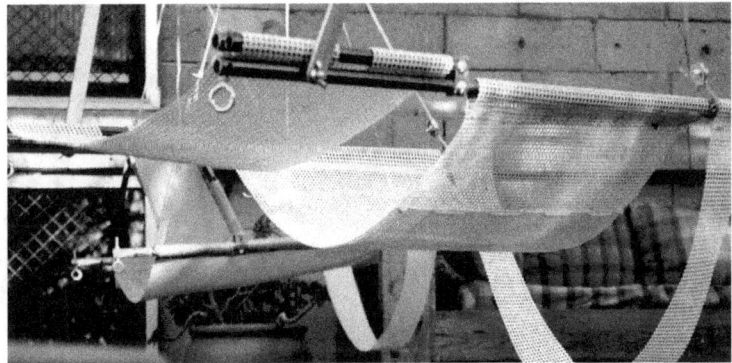

Els cables laterals acabats amb una bola serveixen per dirigir la cadira cap a la dreta o cap a l'esquerra o per gronxar-se // Los cables laterales acabados con una bola sirven para dirigir la silla hacia la derecha o la izquierda, o para columpiarse.

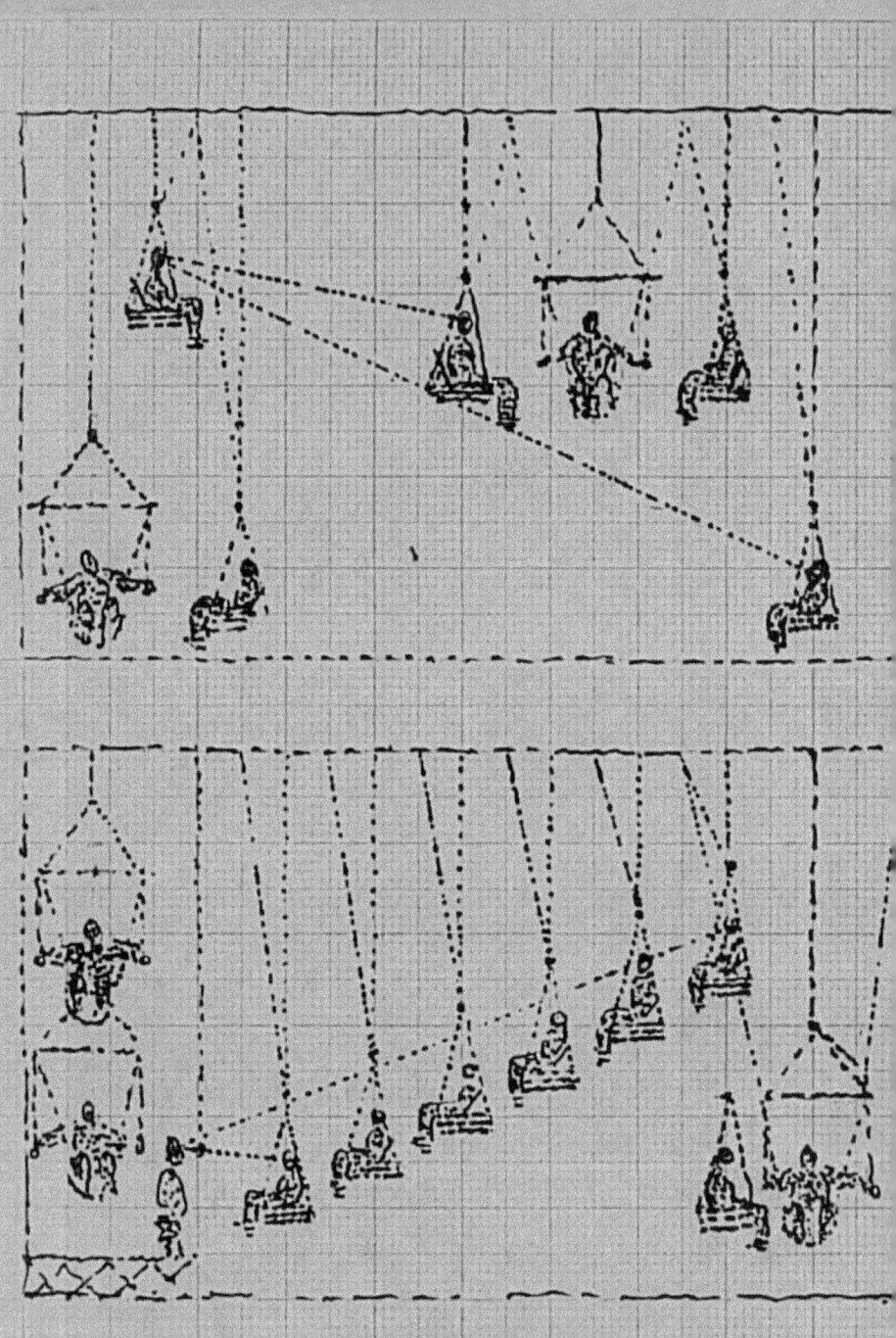

TENDA DE CAMPANYA INSTANTÀNIA //
TIENDA DE CAMPAÑA INSTANTÁNEA

Per tal que una estructura es munti automàticament, cal que tingui energia acumulada. Quan l'estructura es plega, s'ha de tensionar per poder-se muntar instantàniament. Els muntants verticals porten gomes que prèviament s'han tesat. Quan l'estructura queda lliure, les gomes tenen tendència a escurçar-se i la tenda es desplega. Si la tenda es tira enlaire, el fregament és mínim i conceptualment és millor. Per raons pràctiques, es pot desplegar tocant a terra. També és possible posar rodes a cada muntant vertical. Un muntant doble permet tenir una porta d'entrada sense alterar l'estructura de les diagonals. La tela va suportada puntualment per la part interior dels muntants verticals.

Para que una estructura se monte automáticamente, es necesario que tenga energía acumulada. Cuando la estructura se pliega, se ha de tensionar para poder montarla instantáneamente. Los montantes verticales traen gomas que previamente se han tensado. Cuando la estructura queda libre, las gomas tienden a encogerse y la tienda se despliega. Si la tienda se tira hacia arriba, el rozamiento es mínimo y conceptualmente es mejor. Por razones prácticas, se puede desplegar tocando al suelo. También es posible poner ruedas a cada montante vertical. Un montante doble permite tener una puerta de entrada sin alterar la estructura de las diagonales. La tela va soportada puntualmente por la parte interior de los montantes verticales.

Preparació i llançament a l'aire per tal d'evitar el fregament // *Preparación y lanzamiento al aire para evitar el rozamiento.*

Caiguda després del desplaçament // *Caída tras el desplazamiento.*

Possibilitat de desplaçament sobre el pla horitzontal // *Posibilidad de desplazamiento sobre el plano horizontal.*

CADIRA DÚPLEX // *SILLA DÚPLEX*

Una cadira amb rodes pot desplaçar-se únicament en una direcció i evitar els moviments transversals. La dimensió que correspon a la direcció del moviment pot quedar molt acusada. L'estabilitat deguda a aquesta dimensió és favorable. L'alçada es pot incrementar considerablement d'acord amb les dimensions principals. Si la cadira és baixa, té el centre de gravetat baix i pot incorporar alguna plataforma superior. En aquesta plataforma, s'hi poden deixar objectes, llibres, etc. Es pot dissenyar un espai per a nens petits. Pot acabar essent un objecte amb persones situades unes sobre les altres. També pot ser un gran artefacte vertical que es desplaça lentament.

Una silla con ruedas puede desplazarse únicamente en una dirección y evitar los movimientos transversales. La dimensión que corresponde a la dirección del movimiento puede quedar muy acusada. La estabilidad debida a esta dimensión es favorable. La altura se puede aumentar considerablemente de acuerdo con las dimensiones principales. Si la silla es baja, tiene el centro de gravedad bajo y puede incorporar alguna plataforma superior. En esta plataforma, se pueden dejar objetos, libros, etc. Se puede diseñar un espacio para niños pequeños. Puede acabar siendo un objeto con personas situadas unas sobre otras. También puede ser un gran artefacto vertical que se desplaza lentamente.

Vista lateral i frontal // *Vista lateral y frontal.*

Ocupació a diferents alçades // *Ocupación a diferentes alturas.*

MESQUITA MÒBIL // *MEZQUITA MÓVIL*

La mesquita d'Isfahan té unes dimensions excepcionals, amb una immensa cúpula i un impacte sobre la ciutat molt representatiu. La primera mesquita, que és la de Medina, era la casa de Mahoma i, per tant, tenia unes dimensions molt reduïdes. Una mesquita o lloc per a l'oració es pot reduir a una simple catifa. Si la catifa és rodona, no té direcció i, per tant, no es pot col·locar seguint una direcció determinada. Una catifa quadrada té dues direccions i no es pot dirigir indicant on és la Meca. Una catifa rectangular té una direcció i, per tant, es pot col·locar seguint la direcció de la Meca. Les dimensions poden ser únicament d'uns 60 centímetres per un metre. La catifa es porta enrotllada i es desplega seguint la direcció de la Meca. Podríem dir que una mesquita es pot reduir a una mínima catifa, la qual és mòbil, i que el procés de construcció (desplegament) es planteja reforçant-ne la direcció adequada.

La mezquita de Isfahán tiene unas dimensiones excepcionales, con una inmensa cúpula y un impacto sobre la ciudad muy representativo. La primera mezquita, que es la de Medina, era la casa de Mahoma y, por tanto, tenía unas dimensiones muy reducidas. Una mezquita o lugar para la oración se puede reducir a una simple alfombra. Si la alfombra es redonda, no tiene dirección y, por tanto, no se puede colocar siguiendo una dirección determinada. Una alfombra cuadrada tiene dos direcciones y no se puede dirigir indicando dónde está la Meca. Una alfombra rectangular tiene una dirección y, por tanto, se puede colocar siguiendo la dirección de la Meca. Las dimensiones pueden ser únicamente de unos 60 centímetros por un metro. La alfombra se lleva enrollada y se despliega en dirección a la Meca. Podríamos decir que una mezquita se puede reducir a una mínima alfombra, que por tanto es móvil, y que el proceso de construcción (despliegue) se plantea reforzando la dirección adecuada.

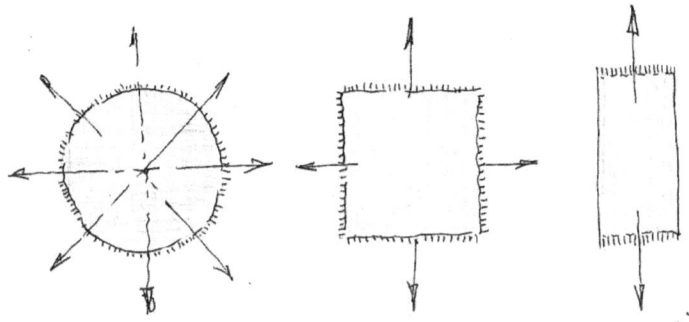

Diferents direccions de la forma circular, quadrada i rectangular // *Diferentes direcciones de la forma circular, cuadrada y rectangular.*

Desplaçament d'una catifa rectangular en dues direccions. Direcció única (a la Meca) del desplaçament d'una forma rectangular // *Desplazamiento de una alfombra rectangular en dos direcciones. Dirección única (a la Meca) del desplazamiento de una forma rectangular.*

ESTACIÓ DEL TAV // *ESTACIÓN DEL AVE*

Les estacions noves del tren d'alta velocitat (TAV) acostumen a ser bastant espectaculars. Tenint en compte la puntualitat i el poc temps que els usuaris estan a les andanes, no cal tenir un gran volum d'aire condicionat. Atès que al nostre país hi plou poc, no es considera fonamental tapar els trens. Segurament, tampoc no fóra necessari protegir les andanes, o potser únicament amb una petita marquesina. Es podria definir conceptualment una estació tal com es reflecteix a la foto. Una persona responsable, amb una protecció per al fred i per a la pluja, i amb un mínim de begudes calentes. Un control general de vigilància, representat pel gos que rep ordres del responsable.

Las estaciones nuevas del tren de alta velocidad (AVE) suelen ser bastante espectaculares. Debido a la puntualidad y al poco tiempo que los usuarios están en los andenes, no se necesita un gran volumen de aire acondicionado. Dadas las escasas lluvias que se registran en nuestro país, no se considera fundamental tapar los trenes. Seguramente, tampoco sería necesario proteger los andenes, o acaso únicamente con una pequeña marquesina. Se podría definir conceptualmente una estación tal como se refleja en la foto. Una persona responsable con una protección para el frío y para la lluvia, y con un mínimo de bebidas calientes. Un control general de vigilancia, representado por el perro que recibe órdenes del responsable.

L'essència de l'estació del TAV podria quedar simbolitzada amb aquesta imatge. El control (el pastor), la protecció (el paraigua), la vigilància (el gos), el confort (el foc i l'abric) // La esencia de la estación del AVE podría quedar simbolizada con esta imagen. El control (el pastor), la protección (el paraguas), la vigilancia (el perro), el confort (el fuego y el abrigo).

SOLAR DESPLAÇABLE // *SOLAR DESPLAZABLE*

Un agricultor del sud de França va venir a passar unes vacances a Espanya. En arribar a la frontera, es podia veure una gran plataforma amb un tractor. Sobre la plataforma, hi havia un paquet i un gos. Es podia situar en qualsevol lloc privilegiat amb bones vistes i orientacions. Principalment, si el recorregut era per la costa del nord d'Espanya. Es podia situar paral·lel o perpendicular al mar. El lloc escollit podia ser a sota d'un bosc o al costat d'un arbre, segons el nivell de protecció, temperatura i assolellament. Un cop escollit el lloc, es podia disposar la petita tenda en un costat de la plataforma, al centre o al lloc que es considerés més resguardat. Tenia opcions per disposar la tenda al carrer i al davant de la plataforma amb vistes al mar. La plataforma es pot assimilar a un petit solar. Queda perfectament delimitat pel fet d'estar aixecada respecte del nivell del terreny. Té una textura de molta qualitat ja que tot el terra pot ser de fusta i té una tanca virtual, que és el gos que recorre el perímetre. Podríem citar com a referència algunes cultures amb construccions palafítiques en què el més important és el terra, després algun angle de protecció format per dues parets i, finalment, el sostre.

Un agricultor del sur de Francia vino a pasar unas vacaciones en España. Al llegar a la frontera, se podía ver una gran plataforma con un tractor. Sobre la plataforma, había un paquete y un perro. Se podía situar en cualquier sitio privilegiado con buenas vistas y orientaciones. Principalmente, si el recorrido era por la costa del norte de España. Se podía situar en paralelo o en perpendicular al mar. El sitio elegido podía ser bajo un bosque o al lado de un árbol, según el nivel de protección, temperatura y soleamiento. Una vez escogido el sitio, podía disponer de una pequeña tienda a un lado de la plataforma, en el centro o en el lugar que considerara más resguardado. Tenía opciones para disponer la tienda en la calle y delante de la plataforma con vistas al mar. La plataforma puede asimilarse a un pequeño solar. Queda perfectamente delimitada por el hecho de estar levantada respecto al nivel del suelo. Su textura es de gran calidad, ya que todo el suelo puede ser de madera, y tiene un cerramiento virtual, que es el perro que recorre el perímetro. Podríamos citar como referencia algunas culturas con construcciones palafíticas donde lo más importante es el suelo, después algún ángulo de protección formado por dos paredes y, finalmente, el techo.

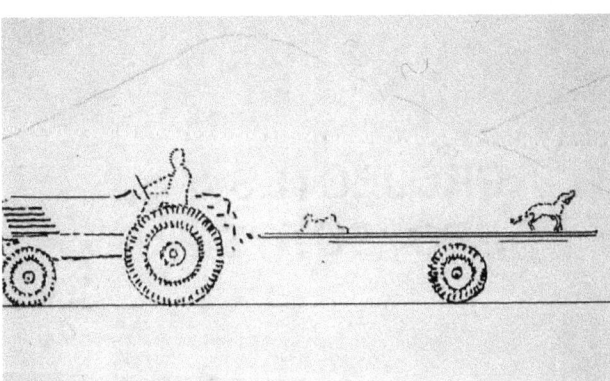

PROJECTES //
PROYECTOS

CÚPULA DE DIFERENTS DIÀMETRES I POSICIONS // *CÚPULA DE DIFERENTES DIÁMETROS Y POSICIONES*

BADALONA, 1980

La cúpula té un diàmetre variable. També té una alçada variable. Quant més petit és el diàmetre, més gran és l'alçada. Quan l'alçada és petita, les empentes perimetrals són grans. Quan l'alçada és gran, les empentes degudes al vent són grans. Cal dimensionar-la de tal manera que absorbeixi els dos tipus d'esforços. La construcció es porta a terme tesant el diàmetre exterior. Els materials utilitzats en maquetes de grans dimensions són barnilles metàl·liques, unides de dues en dues i que es van pretesant. Segons el tipus de material utilitzat, es podria treballar amb unes dimensions concretes. Tenint en compte aquestes consideracions prèvies, es podrien tenir cúpules molt rebaixades de gran diàmetre transformables en cúpules de petit diàmetre i gran alçada.

La cúpula tiene un diámetro variable. También tiene una altura variable. Cuanto menor es el diámetro, mayor es la altura. A poca altura, los empujes perimetrales son grandes. A gran altura, los empujes debidos al viento son grandes. Es preciso dimensionarla de tal manera que absorba los dos tipos de esfuerzos. La construcción se lleva a cabo tensando el diámetro exterior. Los materiales utilizados en maquetas de gran tamaño son varillas metálicas, unidas de dos en dos y que se van pretensando. Según el tipo de material utilizado, se podría trabajar con unas dimensiones concretas. Teniendo en cuenta estas consideraciones previas, se podrían obtener cúpulas muy rebajadas de gran diámetro, transformables en cúpulas de pequeño diámetro y gran altura.

Estructura posada horitzontalment al terra // *Estructura colocada horizontalmente al suelo.*

Elevació parcial de la cúpula tesant-ne els dos extrems // *Elevación parcial de la cúpula tensando los dos extremos.*

A dalt: cúpula muntada amb els extrems fixats. A baix: maqueta de grans dimensions amb doble barnilla metàl·lica // *Arriba: cúpula montada con los extremos fijados. Abajo: maqueta de grandes dimensiones con doble varilla metálica.*

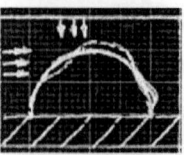

ESCOLA D'EMERGÈNCIA //
ESCUELA DE EMERGENCIA

ST. LOUIS, EUA, 1990

Hi havia la predicció d'un terratrèmol a St. Louis, MO, Estats Units, on està situada l'Escola d'Arquitectura de la Washington University. Era el mes de novembre, feia molt de fred i no era possible passar la nit a la intempèrie. L'escola projectada era sense estructura, per tal d'evitar els danys que en podria provocar la caiguda. El gruix i la inèrcia del policarbonat permeten donar-li una curvatura per tal que quedi pretesat, resistent i estable als esforços horitzontals. L'estabilitat és deguda simplement a la forma, que comporta unes tensions que són molt útils per equilibrar els esforços exteriors. El muntatge es realitza a partir de tota la volta posada plana al terra i fixada per un costat; llavors, tesant horitzontalment l'altre costat, es va desplaçant fins a tenir la semicircumferència construïda. El terra és un mallat ancorat amb cables als grans arbres que hi ha a la vora, per tal d'evitar que l'estructura caigui per les escletxes produïdes a terra pel terratrèmol. El paviment és acabat amb moqueta, per tal de suavitzar el gruix dels rodons del mallat.

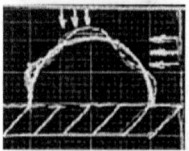

Había la predicción de un terremoto en St. Louis, MO, Estados Unidos, donde está situada la Escuela de Arquitectura de la Washington University. Corría el mes de noviembre, hacía mucho frío y no era posible pasar la noche a la intemperie. La escuela proyectada carecía de estructura para evitar los daños que podría ocasionar su caída. El grosor y la inercia del policarbonato permiten darle una curvatura para que quede pretensado, resistente y estable a los esfuerzos horizontales. La estabilidad es debida simplemente a la forma, que comporta unas tensiones que resultan muy útiles para equilibrar los esfuerzos exteriores. El montaje se realiza colocando toda la bóveda plana en el suelo y fijándola por un extremo, mientras por el otro se va tensando horizontalmente y se va desplazando hasta lograr la semicircunferencia construida. El suelo es un mallazo anclado con cables a los grandes árboles existentes para evitar que la estructura caiga por las grietas producidas en el suelo por el terremoto. El pavimento viene acabado con moqueta, para suavizar el grosor de las barras del mallazo.

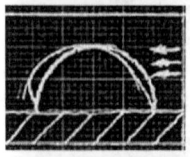
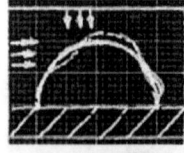

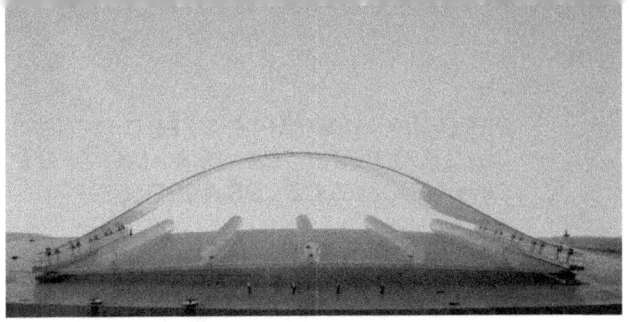

Làmina interior totalment horitzontal // *Lámina interior totalmente horizontal.*

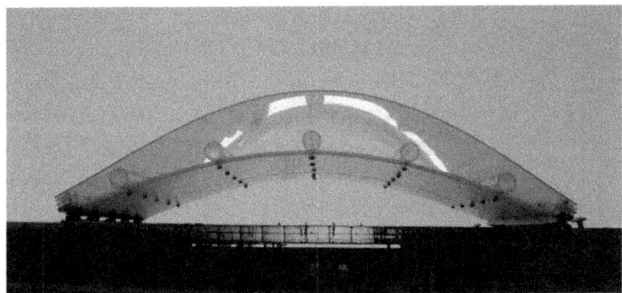

Tesat horitzontalment amb Tractels per acostar les línies del basament // *Tensado horizontalmente con Tractels para acercar las líneas de la base.*

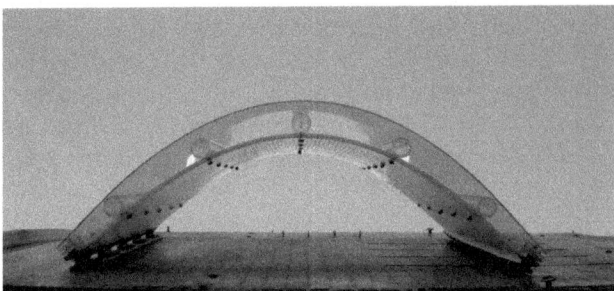

A dalt: unió de la làmina interior amb l'exterior. A baix: doble cambra per a aire calent // *Arriba: unión de la lámina interior con la exterior. Abajo: doble cámara para aire caliente.*

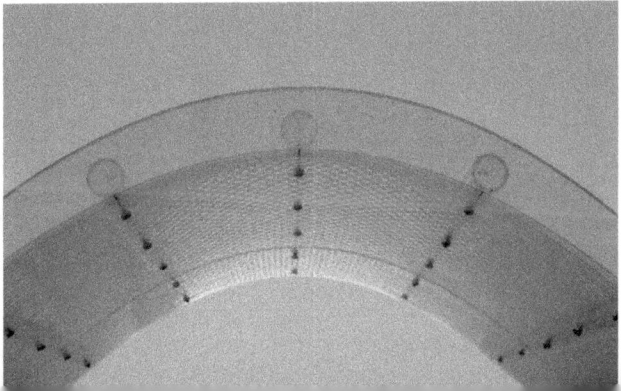

PÈRGOLA ADAPTABLE A LES DIMENSIONS DELS ARBRES // *PÉRGOLA ADAPTABLE A LAS DIMENSIONES DE LOS ÁRBOLES*

BARCELONA, 1991

La pèrgola construïda al centre de la prolongació del carrer d'Aragó és una estructura metàl·lica molt lleugera. Té una longitud total de 144 metres i se sosté mitjançant quatre pals de 23 metres d'altura. La componen 24 mòduls iguals que formen superfícies guerxes. L'estructura es completa amb una biga de trava horitzontal que s'utilitza com a passarel·la de manteniment. D'aquesta manera, s'aconsegueix una superfície coberta sobre el carrer que deixa passar els arbres i evita les columnes laterals, que competirien amb els troncs dels arbres. El material de recobriment és policarbonat translúcid, que s'adapta a la forma de les corretges inclinades, les quals descansen sobre les bigues horitzontals i els arcs.

La pérgola construida en el centro de la prolongación de la calle de Aragó es una estructura metálica muy ligera. Tiene una longitud total de 144 metros y está sostenida por cuatro mástiles de 23 metros de altura. Está compuesta por 24 módulos iguales que forman superficies alabeadas. La estructura se completa con una viga de arriostramiento horizontal que se utiliza como pasarela de mantenimiento. De este modo, se consigue una superficie cubierta sobre la calle que deja pasar los árboles y evita las columnas laterales, que competirían con los troncos de los árboles. El material de recubrimiento es policarbonato traslúcido, que se adapta a la forma de las correas inclinadas que se apoyan en las vigas horizontales y en los arcos.

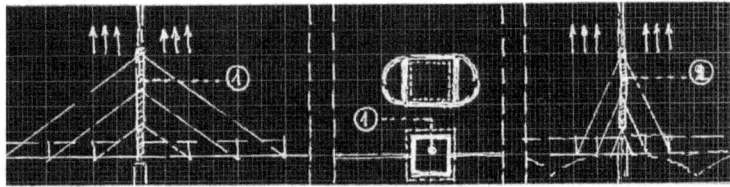

1. Peça mòbil per a l'elevació de la coberta. 2. Peça desplaçable // 1. Pieza móvil para la elevación de la cubierta. 2. Pieza desplazable.

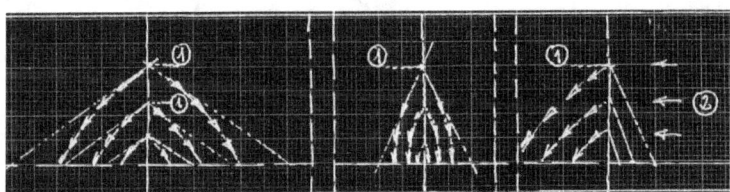

1. Punts d'aigua per a un reg monumental. 2. Vent lateral que va impedir la solució // 1. Puntos de agua para un riego monumental. 2. Viento lateral que impidió la solución.

1. Llums inferiors. 2. Llums superiors per apreciar la translucidesa i crear la sensació de lleugeresa // 1. Luces inferiores. 2. Luces superiores para apreciar la translucidez y dar sensación de ligereza.

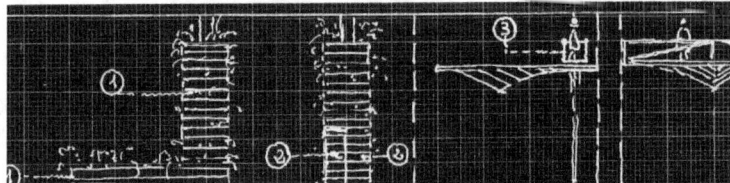

Accés i manteniment: 1. Jardinera per a plantes enfiladisses. 2. Xapa de protecció i porta d'accés a la part superior. 3. Passarel·la de manteniment i biga // 1. Acceso y mantenimento: 1. Jardinera para plantas trepadoras. 2. Chapa de protección y puerta de acceso a la parte superior. 3. Pasarela de mantenimiento y viga.

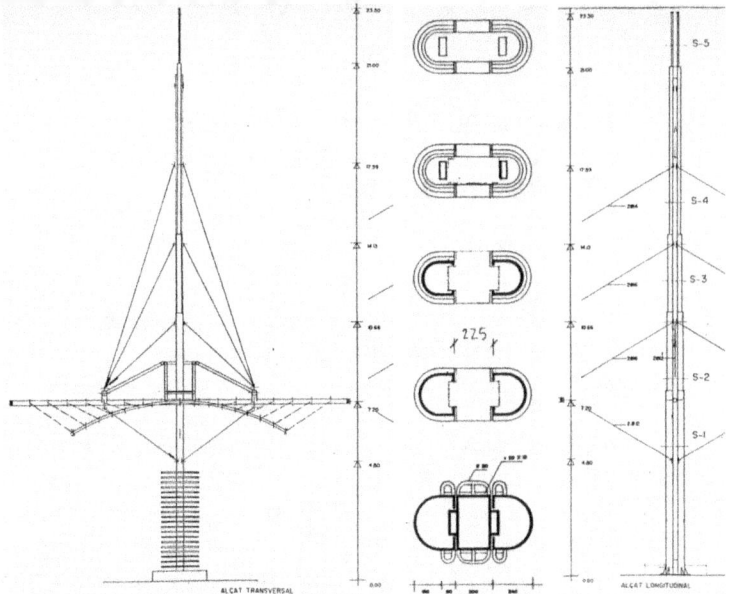

Secció de la pèrgola amb les diferents seccions del màstil telescòpic // Sección de la pérgola con las diferentes secciones del mástil telescópico.

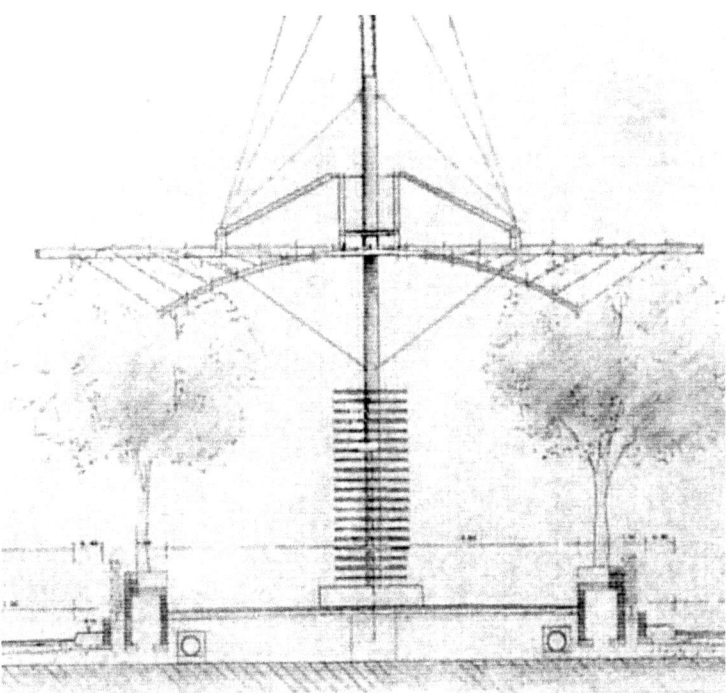

Secció de la pèrgola en relació amb el passeig per a vianants // Sección de la pérgola en relación con el paseo peatonal.

PÈRGOLA QUE SEGUEIX EL MOVIMENT DEL SOL // *PÉRGOLA QUE SIGUE EL MOVIMIENTO DEL SOL*

JAPÓ, 1993

Els habitatges tenen dues parts: una de lúdica, en la qual els seus usuaris poden realitzar les activitats més atractives, i una altra amb els elements estrictament necessaris i d'emergència. A l'espai lúdic, hi ha un gruix de terra d'aproximadament 1 metre, que es pot utilitzar per a plantacions o conreus, substituir per aigua o emprar per a les activitats que es vulgui. La coberta d'aquest espai s'adapta a l'assolellament amb un mecanisme senzill de tendals. La façana va canviant de forma al llarg del dia. El recorregut d'accés ha de ser una experiència i, per tant, s'hi col·loca un ascensor-funicular amb una gran escalinata.

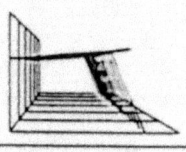

Las viviendas constan de dos partes: una parte lúdica, donde sus usuarios pueden realizar las actividades con mayor atractivo, y otra parte con los elementos estrictamente necesarios y de emergencia. En el espacio lúdico, hay un grosor de tierra de aproximadamente 1 metro, que puede utilizarse para plantaciones o cultivos o sustituirse por agua o para realizar las actividades que se quieran. La cubierta de este espacio se adapta al soleamiento con un sencillo mecanismo de toldos. La fachada va cambiando de forma a lo largo del día. El recorrido de acceso ha de ser una experiencia, por lo que se coloca un ascensor-funicular con una gran escalinata.

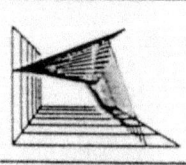

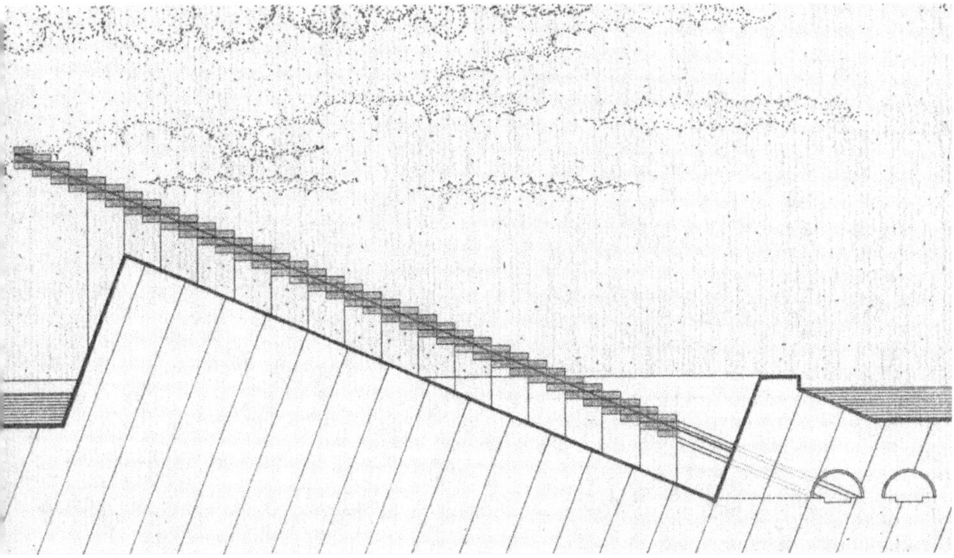

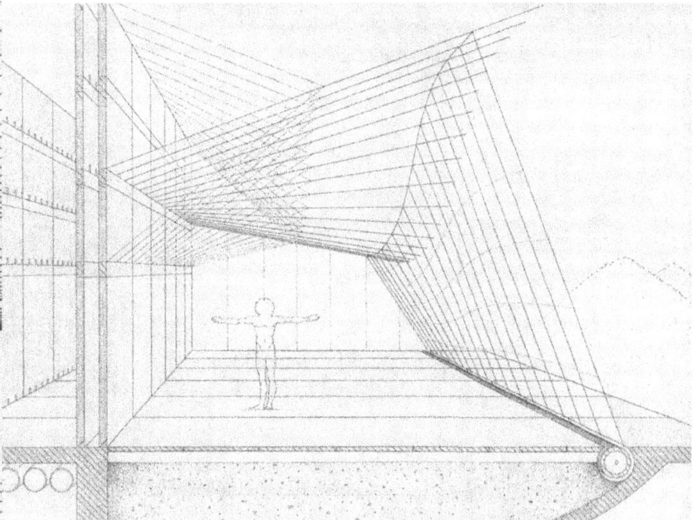

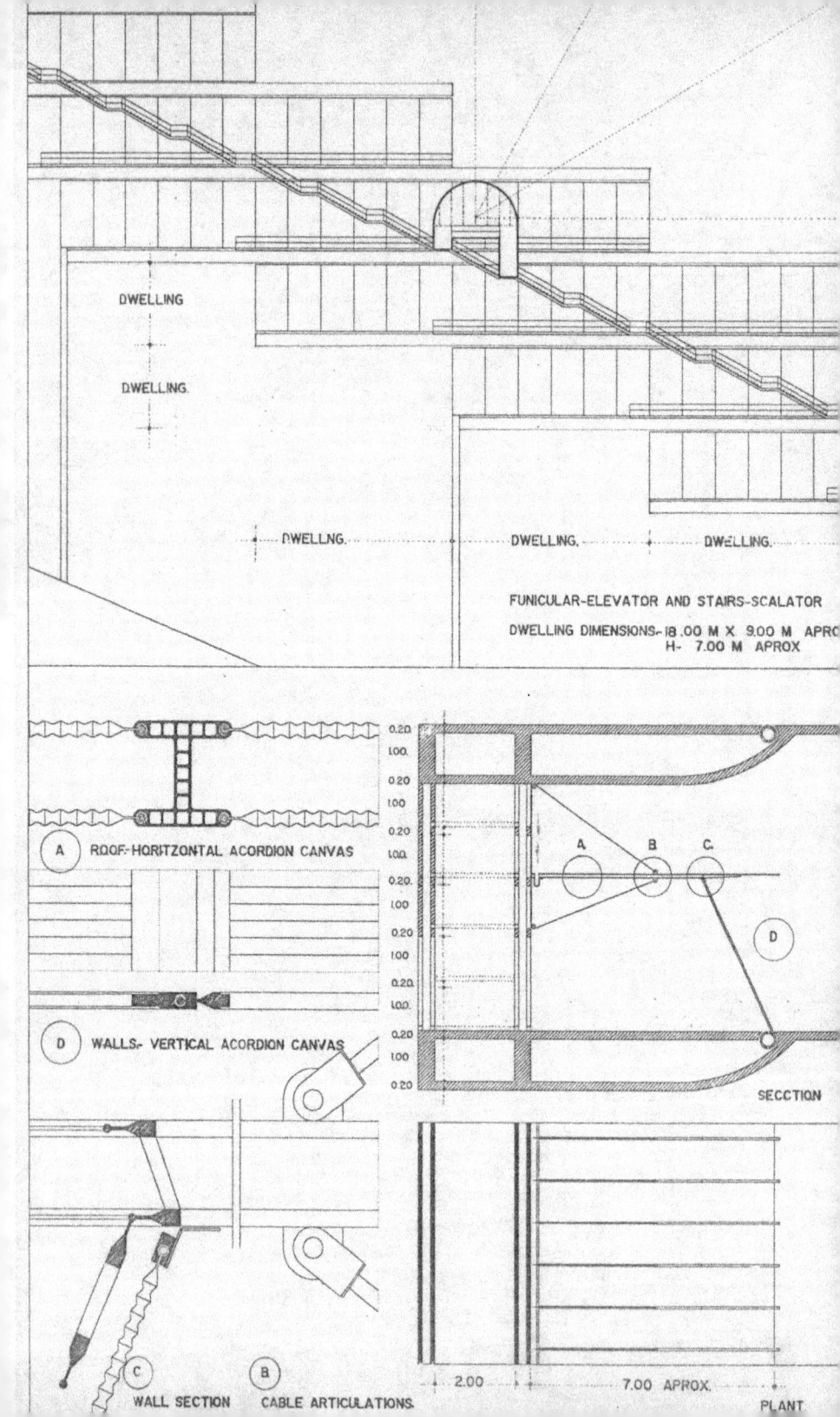

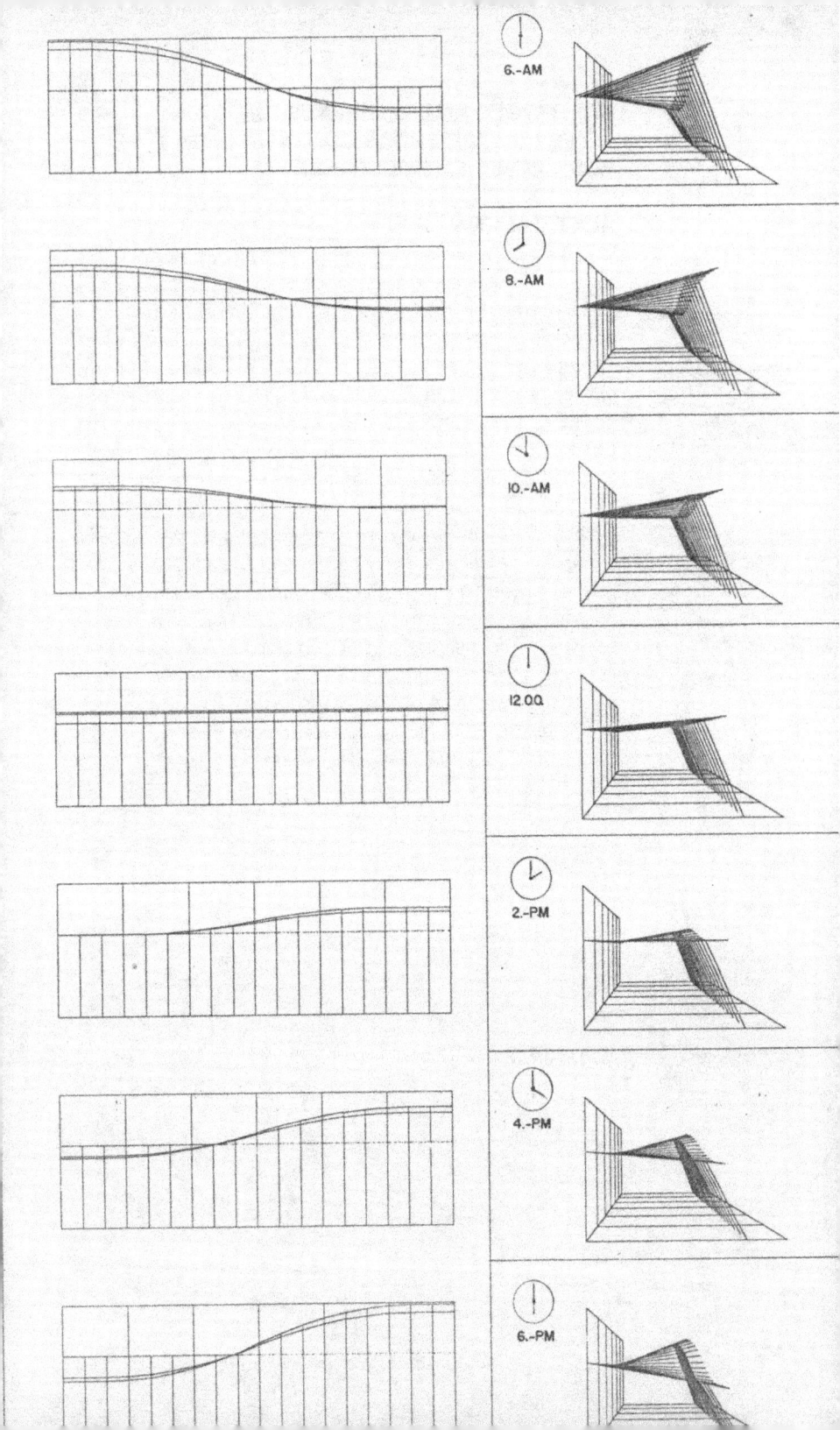

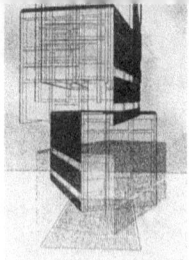

HABITATGES AMB DIFERENTS POSICIONS A L'ESPAI // *VIVIENDAS CON DIFERENTES POSICIONES EN EL ESPACIO*

ÀUSTRIA, 1995

Un pilar circular inferior a 1 metre de diàmetre permet sostenir tot un habitatge. Aquest pilar pot ser d'altures diferents i l'habitatge pot tenir una situació determinada en l'espai. El suport circular permet disposar de diferents orientacions, vistes i assolellament. Si, en comptes d'instal·lar-hi un ascensor complementari, és el mateix habitatge el que puja i baixa, es pot ocultar quan no s'utilitza. Una muntanya es pot mantenir buida i en estat natural durant la setmana i hi poden aparèixer arbres artificials en diferents posicions i altures els caps de setmana.

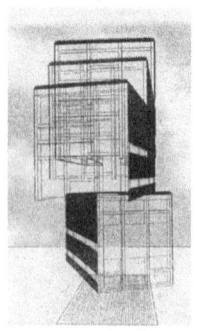

Un pilar circular inferior a 1 metro de diámetro permite sostener una vivienda entera. Este pilar puede ser de distintas alturas y la vivienda puede tener una situación determinada en el espacio. El soporte circular permite tener distintas orientaciones, vistas y soleamiento. Si, en lugar de instalar un ascensor complementario, es la misma vivienda que sube y baja, puede ocultarse cuando no se utiliza. Una montaña puede mantenerse vacía y en estado natural durante la semana, y aparecer árboles artificiales en distintas posiciones y alturas los fines de semana.

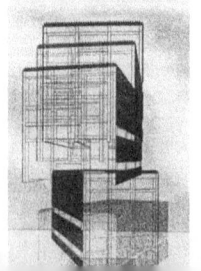

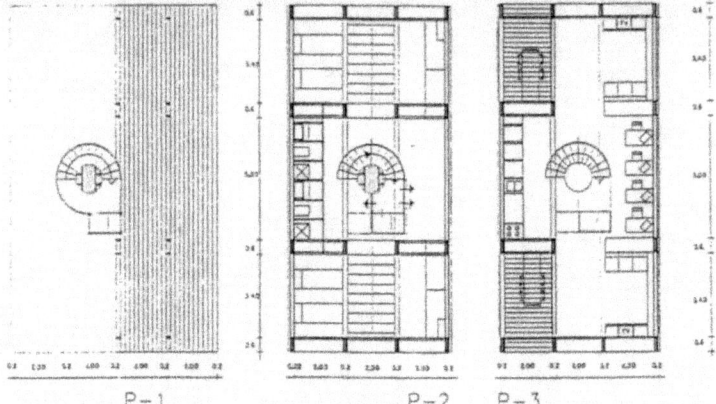

Distribució de les plantes // *Distribución de las plantas.*

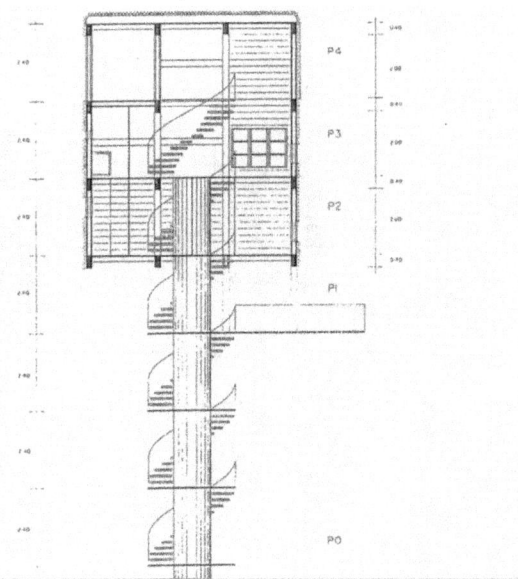

Secció amb l'accés fix, amb escala de caragol // *Sección con el acceso fijo, con escalera de caracol.*

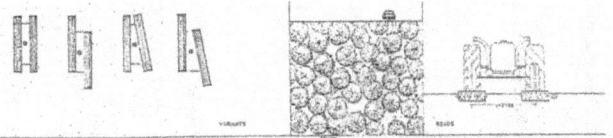

Variacions de les plantes. Vials amb poc impacte paisatgístic // *Variaciones de las plantas. Viales con escaso impacto paisajístico.*

Cotxes aparcats sense presència en el paisatge // *Coches aparcados sin presencia en el paisaje.*

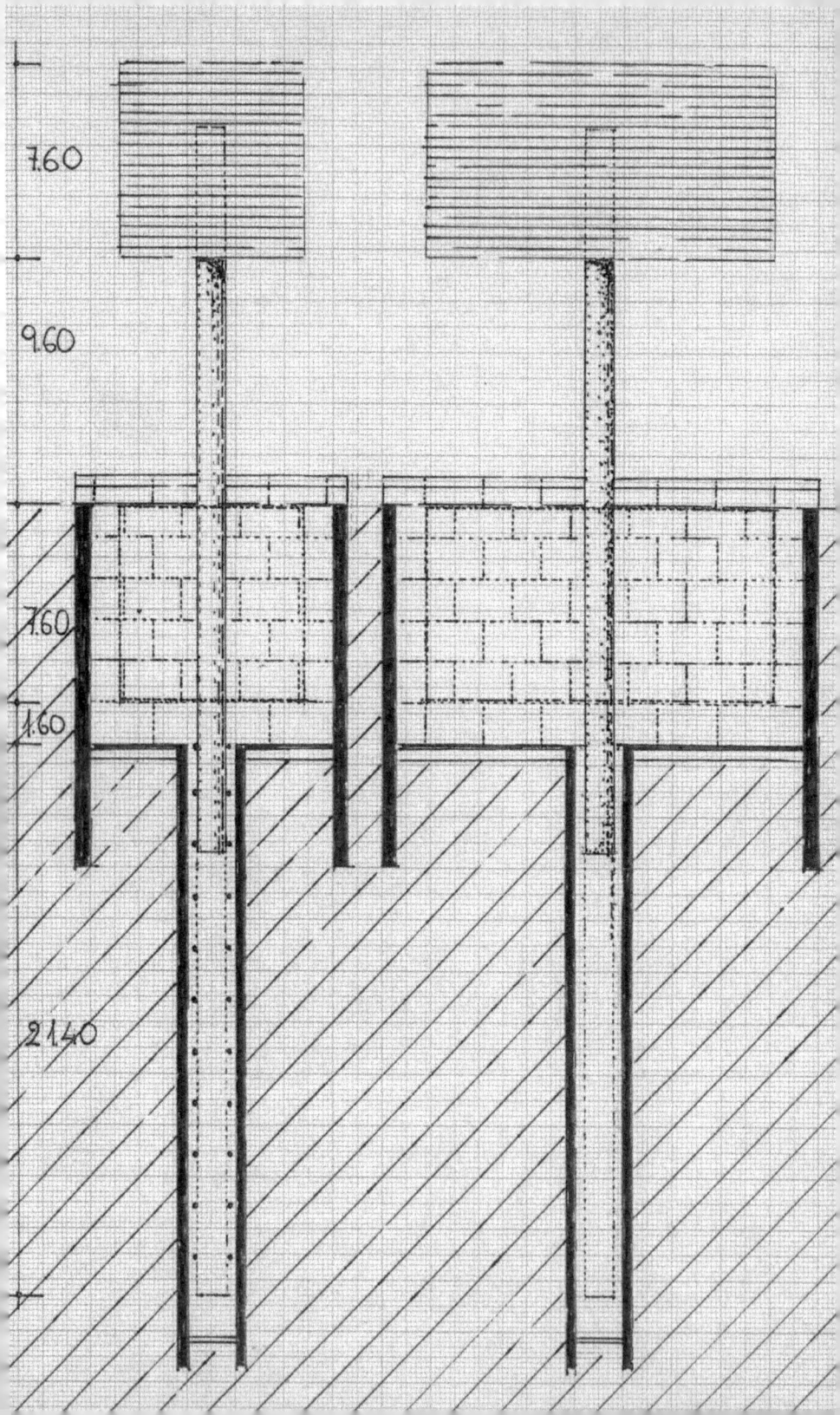

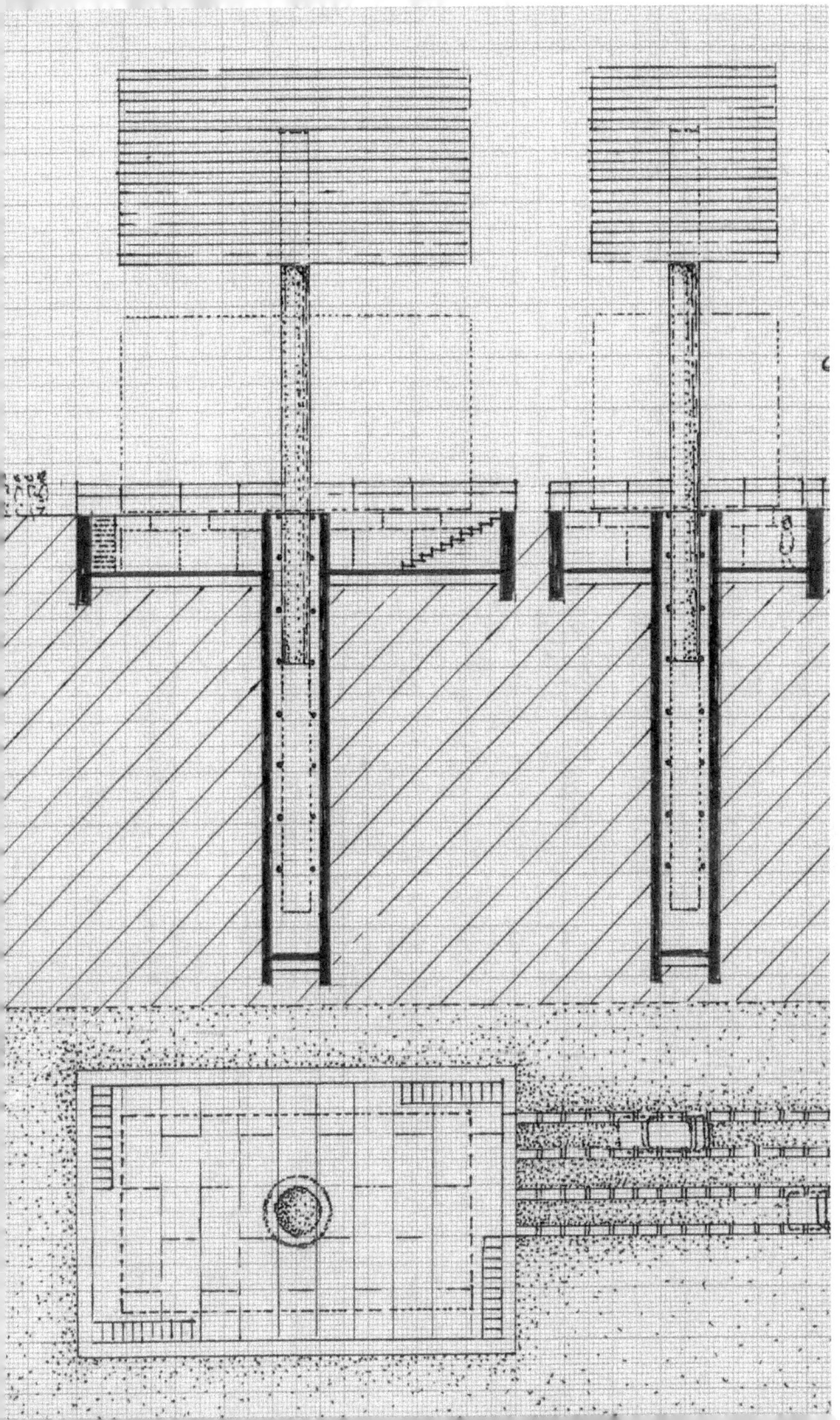

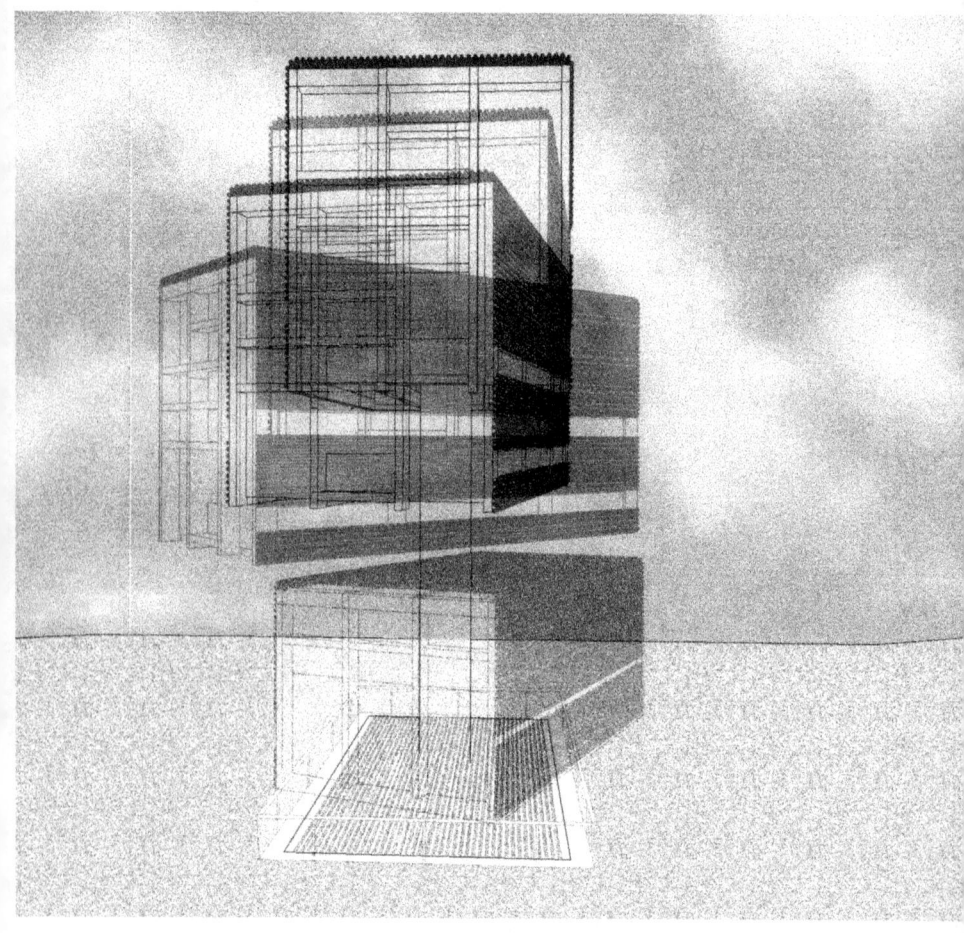

Agrupació d'habitatges de segona residencia, sense cap mena de presència en el paisatge // Agrupación de viviendas de segunda residencia, sin ningún tipo de presencia en el paisaje.

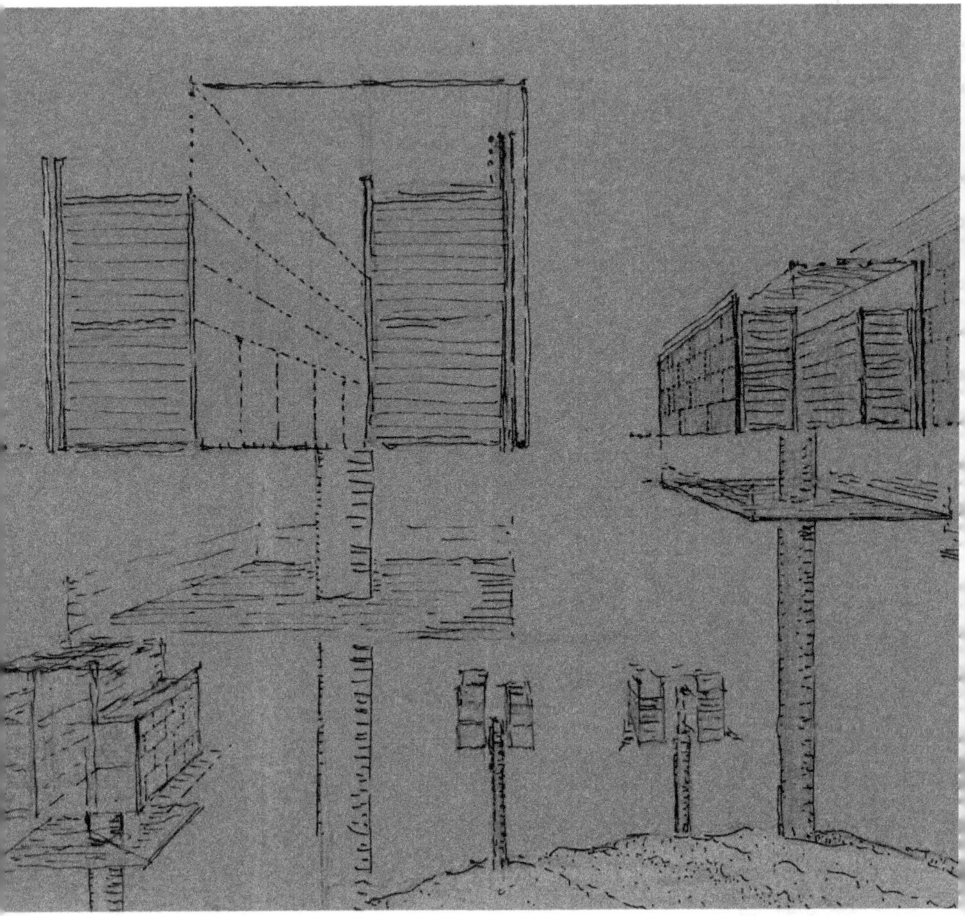

Esquerra: diferents posicions d'un habitatge a l'espai. Dreta: agrupació d'habitatges en plena utilització // Izquierda: diferentes posiciones de una vivienda en el espacio. Derecha: agrupación de las viviendas en pleno uso.

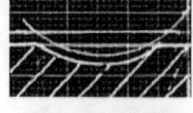

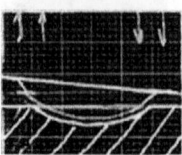

BIBLIOTECA A KANSAI //
BIBLIOTECA EN KANSAI

JAPÓ, 1995

La idea era que l'edifici fos un habitacle ampli, que oferís la màxima seguretat contra les forces horitzontals producte dels terratrèmols (semblant a un portaavions fix). El casc o superfície inferior de l'edifici és una forma esfèrica amb suports en diferents punts, cosa que permet que l'edifici es pugui moure en qualsevol direcció (un màxim de 60 cm) i tornar a la posició original, sigui de forma natural o amb l'ajut de gats hidràulics. La intenció és aconseguir un edifici amb el màxim nivell de seguretat per guardar-hi recursos culturals irremplaçables. Les rampes d'accés només estan fixades a terra i no a l'edifici, cosa que permet que aquest es mogui lliurement. Les sortides i les escales d'emergència presenten un disseny similar.

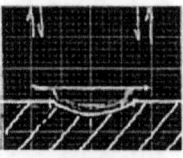
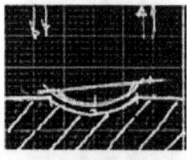
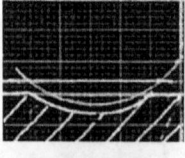
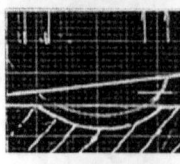

La idea era que el edificio fuera un amplio habitáculo, que ofreciera la máxima seguridad posible contra las fuerzas horizontales producto de los terremotos (similar a un portaaviones fijo). El casco o superficie inferior del edificio es una forma esférica con soportes en diferentes puntos, lo que permite que el edificio se pueda mover en cualquier dirección (un máximo de 60 cm) y volver a su posición original, ya sea de forma natural o con la ayuda de gatos hidráulicos. La intención es conseguir un edificio con el mayor nivel de seguridad posible para albergar recursos culturales irremplazables. Las rampas de acceso sólo están fijadas al suelo y no al edificio, lo que permite que éste se mueva libremente. Las salidas y escaleras de emergencia presentan un diseño similar.

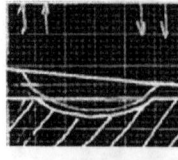
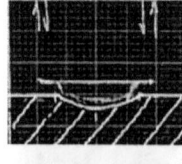
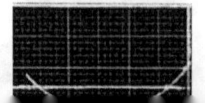

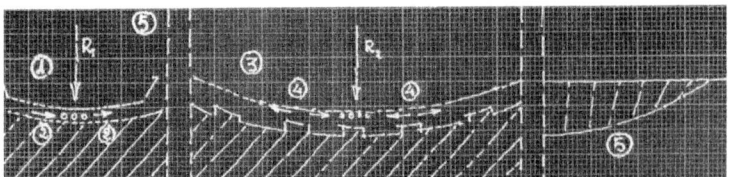

Sistema antiterratrèmols: 1. Secció transversal. 2. Possiblitat de desplaçaments horitzontals. 3. Secció longitudinal. 4. Lleugers desplaçaments. 5. Superfície guerxa de transició entre una recta i una corba // Sistema antiterremotos. 1. Sección transversal. 2. Posibilidad de desplazamientos horizontales. 3. Sección longitudinal. 4. Posibilidad de ligeros desplazamientos. 5. Superficie alabeada de transición entre una recta y una curva.

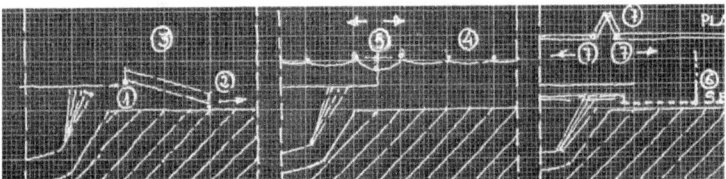

Connexions, flexibilitat i accesos: 1. Articulacions. 2. Lliscament horitzontal. 3. Passarel·les d'accés. 4. Cables de subministrament. 5. Fletxa. 6. Canonades. 7. Articulacions // Conexiones, flexibilidad y accesos: 1. Articulaciones. 2. Deslizamiento horizontal. 3. Pasarelas de acceso. 4. Cables de suministro. 5. Flecha. 6. Tuberías. 7. Articulaciones.

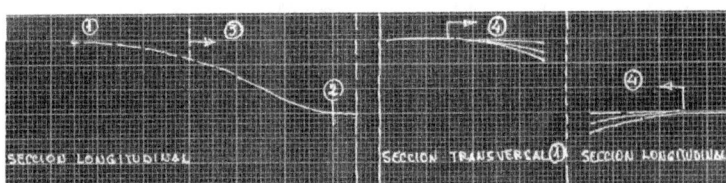

Cobertes i desguassos: 1. Curvatura còncava. 2. Curvatura convexa. 3. Desguàs longitudinal. 4. Desguàs transversal // Cubiertas y desagües: 1. Curvatura cóncava. 2. Curvatura convexa. 3. Desagüe longitudinal. 4. Desagüe transversal.

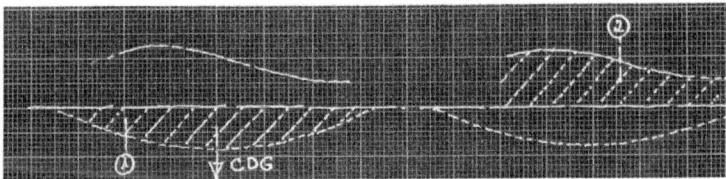

1. Base pesada amb estructura de formigó per tal que el centre de gravetat sigui baix. 2. Part superior lleugera amb estructura metàl·lica de vidre // 1. Base pesada con estructura de hormigón para tener el centro de gravedad bajo. 2. Parte superior ligera con estructura metálica de cristal.

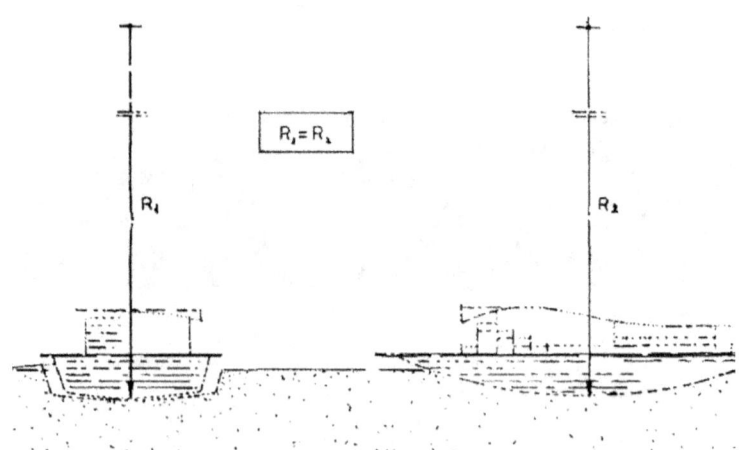

El radi de la secció transversal convé que sigui igual al radi de la seccó longitudinal. Els radis diagonals seran els mateixos. El centre de gravetat és a la part més baixa per tal d'aconseguir la màxima estabilitat // *El radio de la sección transversal conviene que sea igual al radio de la sección longitudinal. Los radios diagonales serán los mismos. El centro de gravedad está en la parte más baja para lograr la máxima estabilidad.*

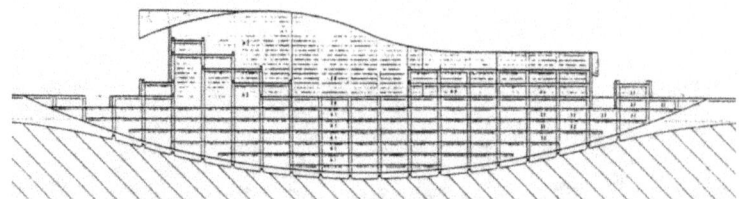

La gran massa de l'edifici i el magatzem són a la part inferior. La part superior és la dedicada a consulta. Té un caràcter més obert i lleuger. Les "costelles" de l'edifici s'adapten a les línies de fonamentació que hi ha al terreny // *La gran masa del edificio y el almacén se hallan en la parte inferior. La parte superior es la dedicada a consulta. Tiene un carácter más abierto y ligero. Las "costillas" del edificio se adaptan a las líneas de cimentación del terreno.*

CASA TRANSLÚCIDA // CASA TRASLÚCIDA
BARCELONA ETSAB, 1995-2001

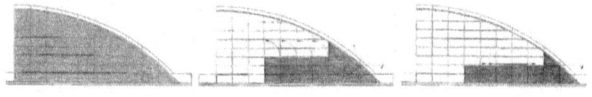

Les parets: són de policarbonat i pesen prop de vint cops menys que la paret convencional de 30 cm. Això permet desmuntar tota una façana per celebrar-hi algun esdeveniment (el mateix passa amb els forjats i la coberta). Els brise-soleils: els pòrtics estan units per tubs de 4x4 cm. Formen passarel·les per al manteniment i la manipulació de tota la façana. Anivellament i fonaments: la casa no té fonaments perquè pesa menys que un camió TIR (12 T). Únicament hi ha daus d'anivellament per donar suport als carrils, que tenen un desnivell de 40 cm. Esforços horitzontals: la gran esveltesa de la casa requereix cables amb estaques per tal de garantir-ne l'estabilitat.

Las paredes: son de policarbonato y pesan veinte veces menos que la pared convencional de 30 cm. Esto permite desmontar toda una fachada para celebrar algún acontecimiento (lo mismo ocurre con los forjados y la cubierta). Los brise-soleils: los pórticos están unidos por tubos de 4x4 cm. Forman pasarelas para el mantenimiento y la manipulación de toda la fachada. Nivelación y cimientos: la casa no tiene cimientos ya que su peso es inferior a un camión TIR (12 T). Únicamente existen dados de nivelación para apoyar los carriles, que tienen un desnivel de 40 cm. Esfuerzos horizontales: la gran esveltez de la casa requiere cables con estacas para asegurar su estabilidad.

La casa translúcida al pati de l'Escola Tècnica Superior d'Arquitectura de Barcelona. La il·luminació interior fa que actuï com una gran làmpada // *La casa traslúcida en el patio de la Escola Tècnica Superior d'Arquitectura de Barcelona. La iluminación interior hace que actúe como una gran lámpara.*

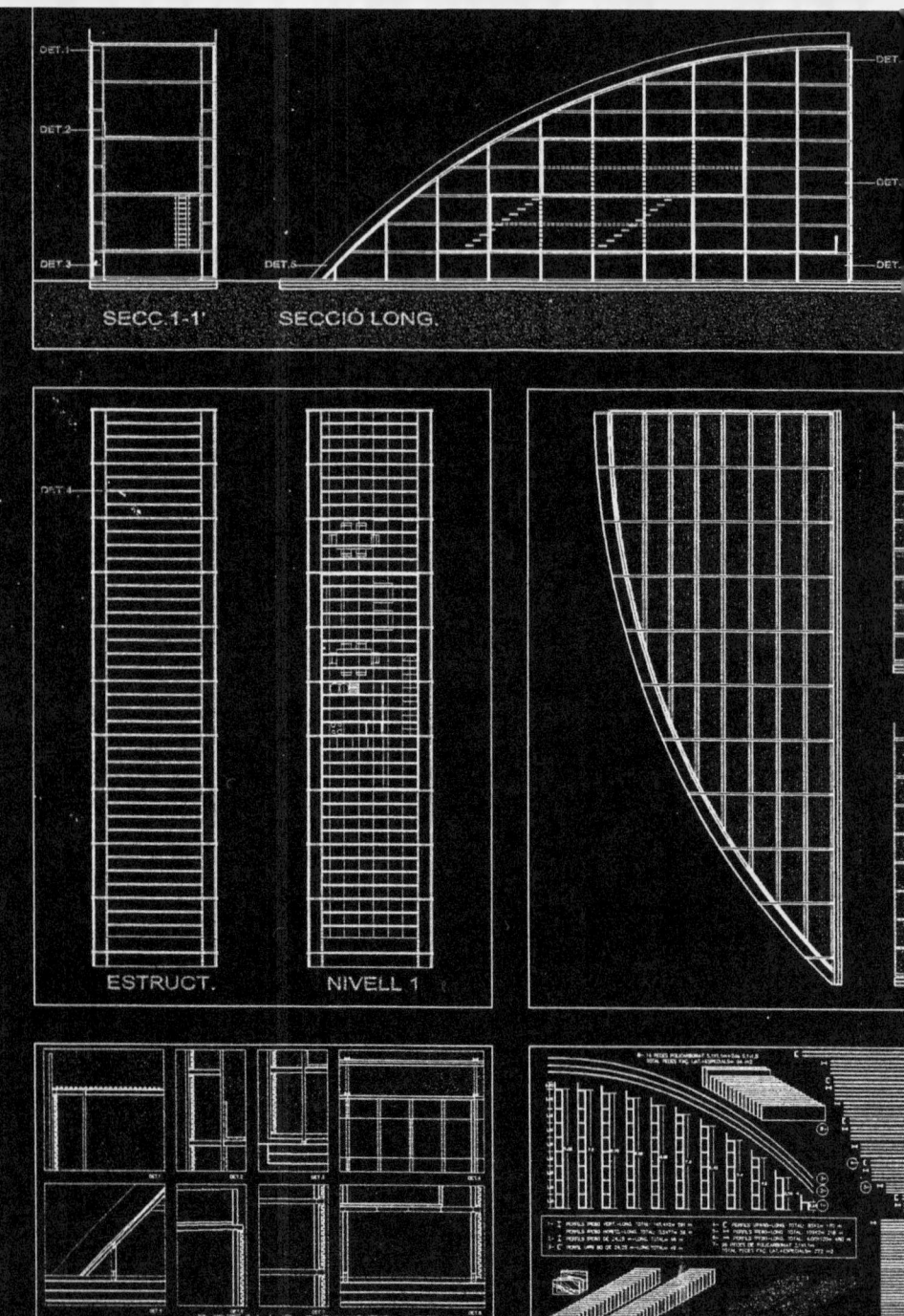

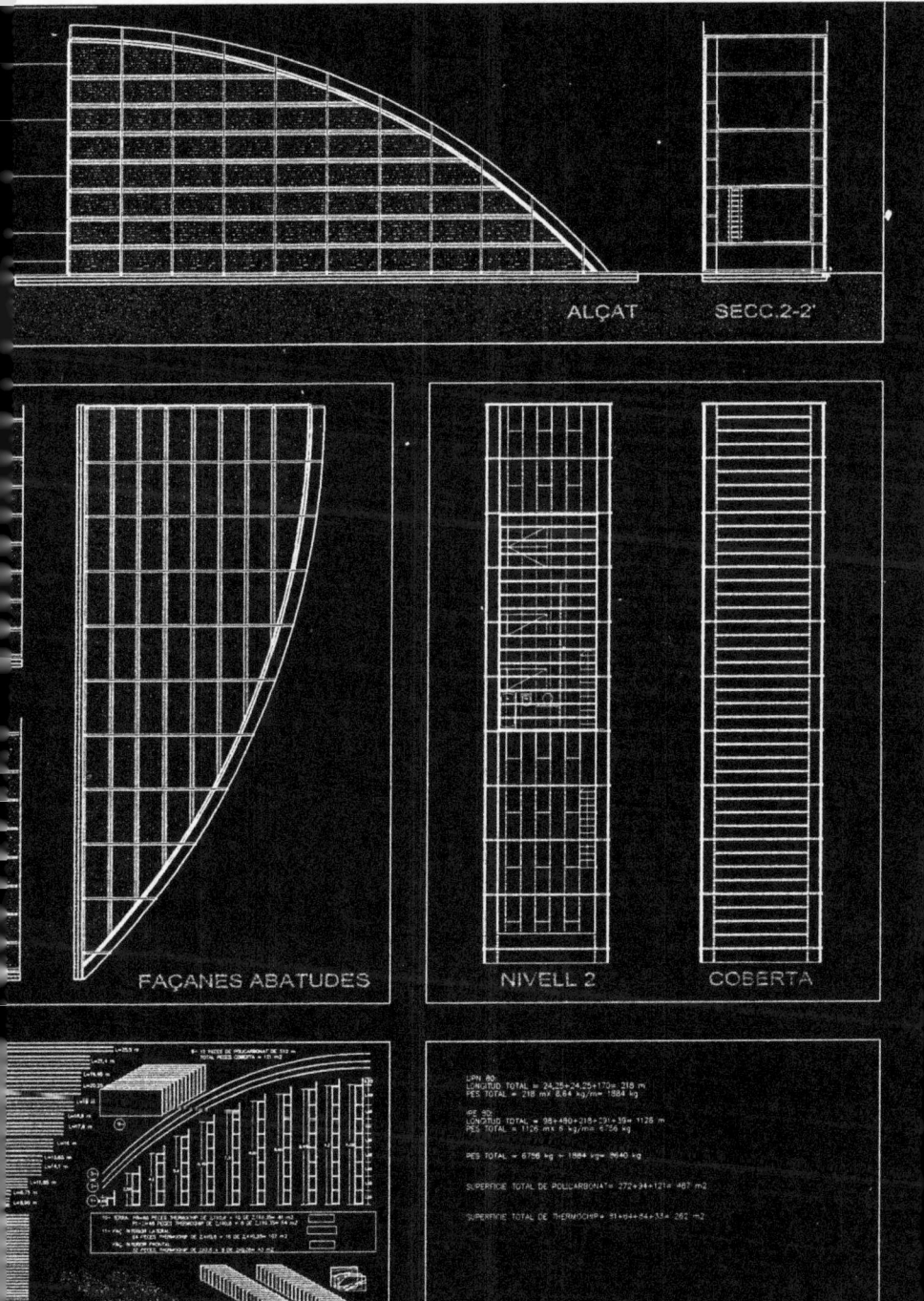

Plànol de construcció i muntatge. Es pot veure la relació de forma i dimensions de totes les peces necessàries per a la seva construcció // Plano de construcción y montaje. Se puede ver la relación de forma y tamaño de todas las piezas necesarias para su construcción.

CASA TRANSLÚCIDA RECICLADA //
CASA TRASLÚCIDA RECICLADA

BADALONA, 2004

És un fragment de la casa translúcida inicial. El sistema constructiu és com l'anterior i les dimensions són més reduïdes. L'estructura és d'acer inoxidable; les parets, els sostres i el terra són de policarbonat. És un prototipus per experimentar situacions ambientals límit i les possibilitats que té a l'estiu i a l'hivern. La il·luminació, l'assolellament i les altes temperatures són poc habituals en un habitatge convencional. La casa pot ser descapotable i la coberta inclinada es pot obrir. El disseny dels elements interiors més significatius és mòbil.

Es un fragmento de la casa traslúcida inicial. El sistema constructivo es como el anterior y las dimensiones son más reducidas. La estructura es de acero inoxidable; las paredes, los techos y el suelo son de policarbonato. Es un prototipo para experimentar situaciones ambientales límite y, así como sus posibilidades en verano e invierno. La iluminación, el soleamiento y las altas temperaturas son inusuales en una vivienda convencional. La casa puede ser descapotable y la cubierta inclinada puede abrirse. El diseño de los elementos interiores más significativos es móvil.

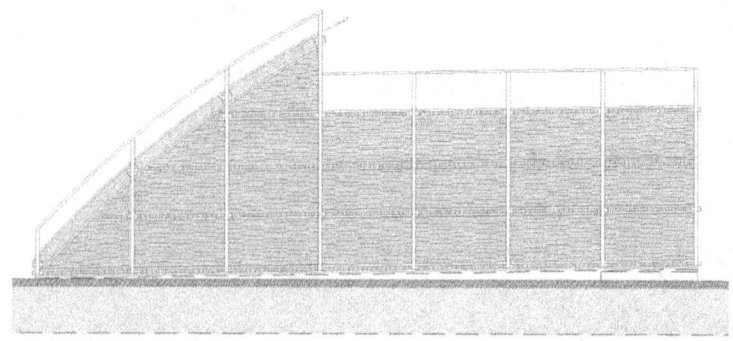

ALÇAT LONGITUDINAL

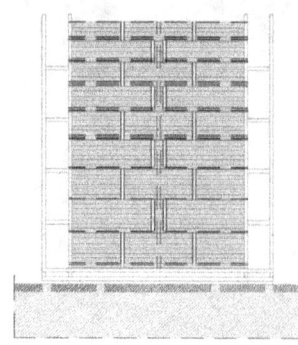
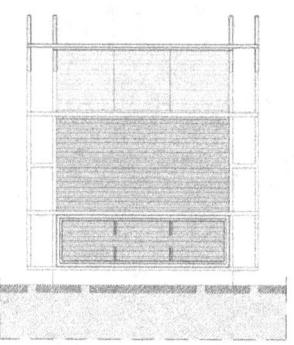

ALÇATS TRANSVERSALS

La gran alçada que tenia la casa translúcida (d'uns 9 m) queda reduïda a una tercera part. La corba de la coberta queda interrompuda. La resta de la coberta és pràcticament horitzontal // *La gran altura que tenía la casa traslúcida (de unos 9 m) queda reducida a una tercera parte. La curva de la cubierta queda interrumpida. El resto es prácticamente horizontal.*

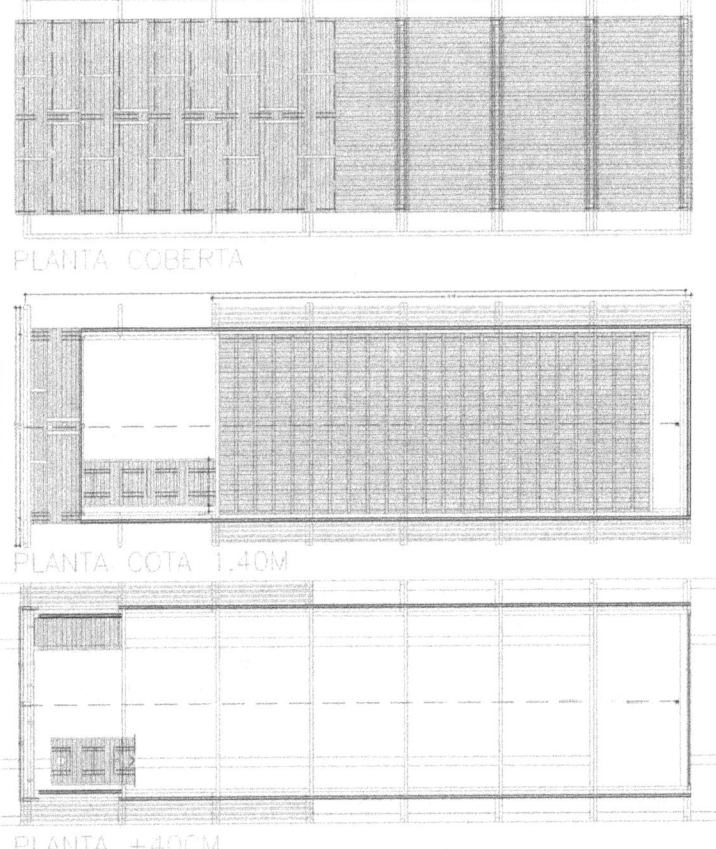

La longitud en planta (d'uns 21 m) queda reduïda a dues terceres parts // *La longitud en planta (de unos 21 m) queda reducida a dos terceras partes.*

CABANON TRANSLÚCID //
CABANON *TRASLÚCIDO*

BADALONA, 2009-2010

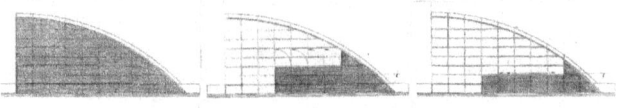

La casa translúcida s'ha reduït a la mínima expressió. S'ha adaptat millor a les condicions de l'entorn. També s'ha adaptat a les necessitats reals d'ús i experimentació. L'alçada és d'un pis i és per això que té una part important descapotable. No té vistes a l'exterior ja que les parets i els sostres són de policarbonat. La part corba es pot aixecar i es pot veure a l'exterior. L'accés és una porta corredissa perpendicular a la façana, totalment dissimulada. No es vol manifestar l'accés, ni es pot potenciar per falta d'espai. La calefacció i la refrigeració en condicions extremes es redueixen a condicionar, de manera molt confortable, un espai de 5 m^3, similar al volum d'un cotxe, per tal de minimitzar i optimitzar el consum energètic. El repte és com poder fer atractiu i habitable un espai d'aquestes dimensions reduïdes.

La casa traslúcida se ha reducido a la mínima expresión. Se ha adaptado mejor a las condiciones del entorno. También se ha adaptado a las necesidades reales de uso y experimentación. La altura es de un piso y es por ello que una parte importante es descapotable. No tiene vistas al exterior, puesto que las paredes y los techos son de policarbonato. La parte curva se puede levantar y se puede ver el exterior. El acceso es una corredera perpendicular a la fachada, totalmente disimulada. No se quiere manifestar el acceso, ni se puede potenciar por falta de espacio. La calefacción y la refrigeración en condiciones extremas se reducen a acondicionar, de manera muy confortable, un espacio de 5 m^3, similar al volumen de un coche, para minimizar y optimizar el consumo energético. El reto es cómo poder hacer atractivo y habitable un espacio de estas reducidas dimensiones.

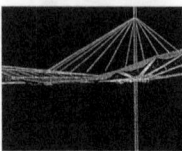

COBERTA A SANT ANDREU DE LA BARCA // CUBIERTA EN SANT ANDREU DE LA BARCA

SANT ANDREU DE LA BARCA, 1999

La coberta per al centre comercial té un pal central que, gràcies a uns tirants, suporta un fragment de con articulat que cobreix la superfície d'una quarta part del cercle. Els fragments de con triangulars són de xapa metàl·lica corba amb diferents radis de curvatura. Les dues directrius principals són radials de tub rodó, i n'hi ha dues per peça. Una peça al costat de l'altra en possibilita l'articulació, que pot adoptar la posició desitjada en l'espai. Pot disposar d'un mecanisme que programi el moviment com el de les ales d'un ocell.

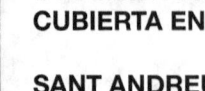

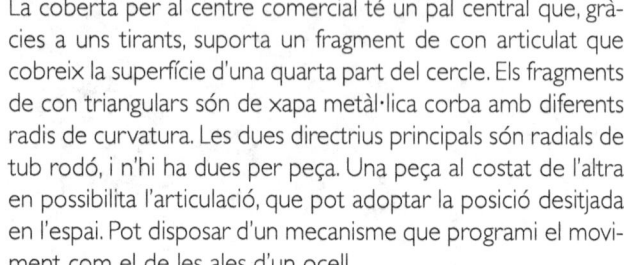
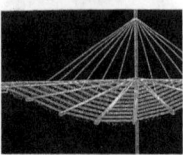
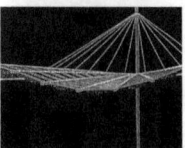

La cubierta para el centro comercial tiene un mástil central que, mediante tirantes, soporta un fragmento de cono articulado que cubre una superficie de una cuarta parte del círculo. Los fragmentos de cono triangulares son de chapa metálica curvada, con distintos radios de curvatura. Las dos directrices principales son radiales de tubo redondo, dos por cada pieza. Una pieza junto a otra permiten su articulación y que pueda adoptar la posición deseada en el espacio. Puede disponer de un mecanismo que programe el movimiento como el de las alas de un pájaro.

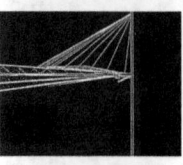
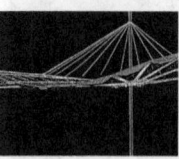
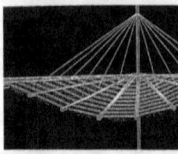
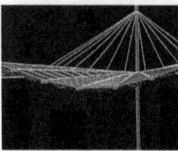
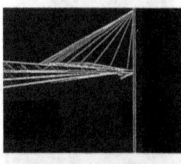
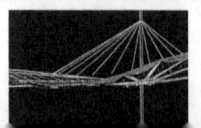

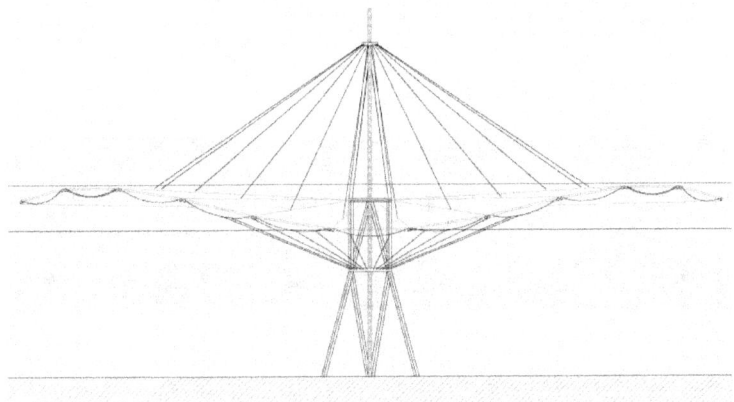

Alçat. Forma equilibrada i simètrica // Alzado. Forma equilibrada y simétrica.

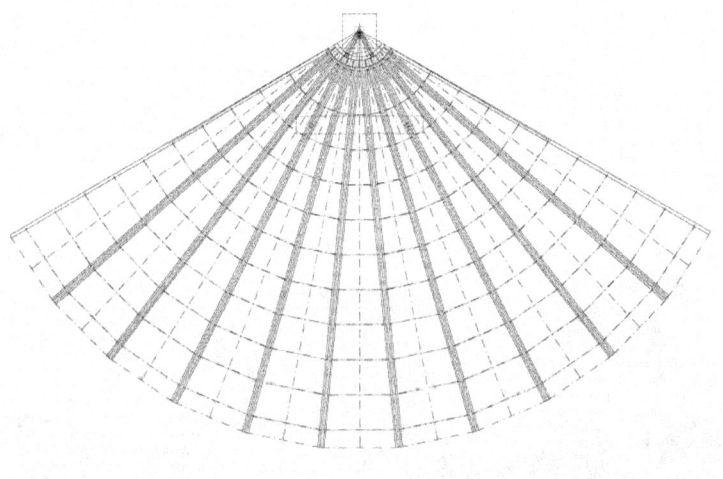

Planta. Forma elemental de muntatge a partir de la qual es pot anar variant, d'acord amb les preferències // Planta. Forma elemental de montaje a partir de la cual se puede ir variando, de acuerdo con las preferencias.

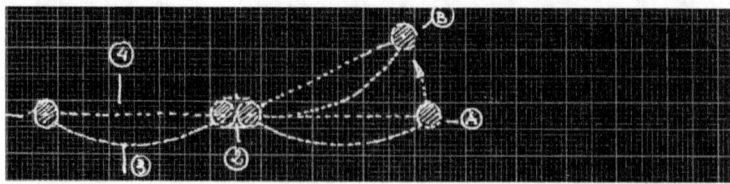

Estructura de triangles: 1. Tub rodó com a costat del triangle. 2. Articulació per tal d'adoptar distintes posicions, la posició A i la posició B. 3. Xapa metàl·lica de 3 mm. 4. Peça metàl·lica // *Estructura de triángulos 1. Tubo redondo como lado del triángulo. 2. Articulación que le permite adoptar distintas posiciones, la posición A y la posición B. 3. Chapa metálica de 3 mm. 4. Pieza metálica.*

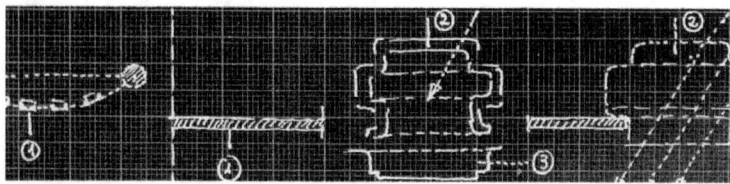

Il·luminació natural: 1. Xapa metàl·lica amb forats de 6 cm de diàmetre. 2. Tap de "marcilla" de vidre transparent de 4 mm. 3. Peça de plàstic translúcid. 4. Llum difusa // *Iluminación natural. 1. Chapa metálica con taladros de 6 cm de diámetro. 2. Tapón "marcilla" de cristal transparente de 4 mm. 5. Pieza de plástico traslúcido 4. Luz difusa.*

ARQUITECTURA I MOVIMENT

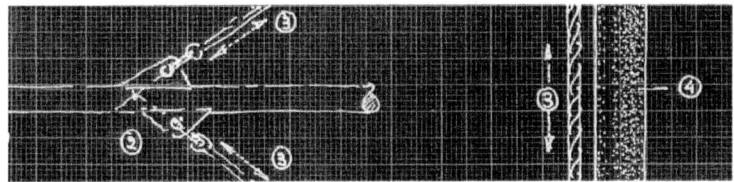

Canvi de forma: 1. Tub rodó. 2. Articulacions. 3. Cable vertical per canviar la posició dels triangles. 4. Pal // *Cambio de forma: 1. Tubo redondo. 2. Articulaciones. 3. Cable vertical para variar la posición de los triángulos. 4. Mástil.*

CILINDRES CAPTADORS D'ENERGIA //
CILINDROS CAPTADORES DE ENERGÍA

BARCELONA, 2000

L'energia per al manteniment del projecte de les cotxeres d'autobusos d'Horta es planteja com dos cilindres amb captadors solars que segueixen el moviment del sol. Es mantenen il·luminats a la nit i van girant fins a captar la claror del sol de la matinada. Són, al mateix temps, indicadors dels elements naturals, l'horari, el vent, la temperatura, etc. Es poden emplaçar separats de les cotxeres i al mateix lloc on hi havia els esfèrics d'Horta.

La energía para el mantenimiento del proyecto de las cocheras de autobuses de Horta se plantea como dos cilindros con captadores solares que siguen el movimiento del sol. De noche, se mantienen iluminados y van girando hasta captar la claridad del sol de la madrugada. Son, al mismo tiempo, indicadores de los elementos naturales, el horario, el viento, la temperatura, etc. Se pueden emplazar separados de las cocheras y en el mismo lugar donde estaban los esféricos del barrio de Horta.

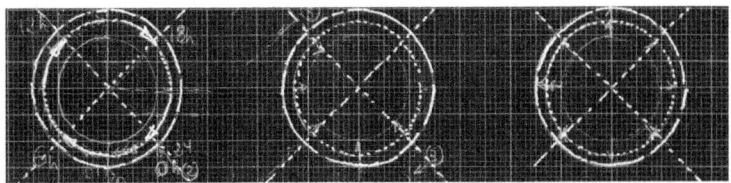

1. Rotació del cilindre. 2. Una volta de 24 hores. 3. Zones principals de captació. 4. Zona d'emissió de llum a la nit // 1. Rotación del cilindro. 2. Una vuelta de 24 horas. 3. Zonas principales de captación. 4. Zona de emisión de luz por la noche.

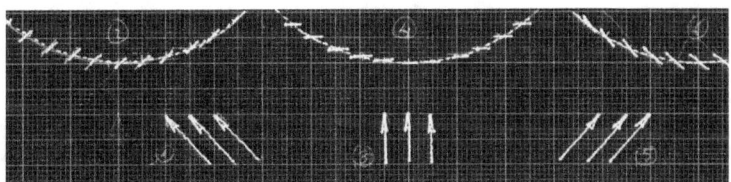

1. Direcció del sol al matí. 2. Inclinació de les lamel·les. 3. Direcció del sol al migdia. 4. Inclinació de les lamel·les. 5. Direcció del sol a la tarda. 6. Inclinació de les lamel·les // 1. Dirección del sol por la mañana. 2. Inclinación de las lamas. 3. Dirección del sol al mediodía. 4. Inclinación de las lamas. 5. Dirección del sol por la tarde. 6. Inclinación de las lamas.

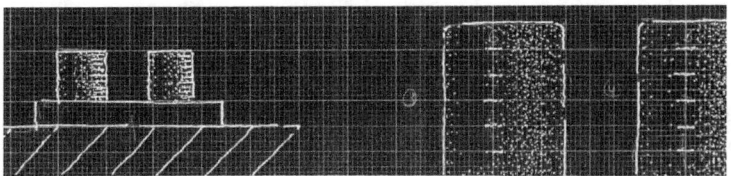

A dalt: 1. Rellotge de sol de gir horitzontal diürn. 2. Rellotge de sol de gir horitzontal nocturn. A baix: Vista nocturna, cilindre il·luminat amb l'energia acumulada durant el dia // Arriba: 1. Reloj de sol de giro horizontal diurno. 2. Reloj de sol de giro horizontal nocturno. Abajo: Vista nocturna, cilindro iluminado con la energía acumulada durante el día.

Imatge en el paisatge dels cilindres captadors d'energia, indicadors dels elements naturals: vent, horari, temperatura... // *Imagen en el paisaje de los cilindros captadores de energía, indicadores de los elementos naturales: viento, horario, temperatura...*

BIBLIOTECA AL JAPÓ // *BIBLIOTECA EN JAPÓN*

JAPÓ, 2003

L'edifici es divideix en dues parts: un cilindre superior com a àrea de lectura i un subsòl com a magatzem. El cilindre superior es compon d'una anella exterior que conté escales i rampes per accedir a totes les plantes, i d'un cilindre interior de diàmetre menor que conté les altres dependències. A causa de la diferència de diàmetre, el cilindre interior es desplaça en moviment helicoïdal ascendent per poder donar accés a cada planta. L'ascensor, els conductes d'instal·lacions i les estructures segueixen també aquest moviment helicoïdal. La relació entre l'espai de lectura i l'espai de magatzem es pot variar segons les necessitats actuals i futures.

El edificio se divide en dos partes: un cilindro superior como área de lectura y un subsuelo como almacén. El cilindro superior está compuesto por un anillo exterior, que contiene escaleras y rampas para acceder a todas las plantas, y por un cilindro interior, de diámetro menor, que contiene el resto de dependencias. Debido a la diferencia de diámetro, el cilindro interior se desplaza siguiendo un movimiento helicoidal ascendente para dar acceso a cada planta. El ascensor, los conductos de instalaciones y las estructuras siguen también este movimiento helicoidal. La relación entre el espacio de lectura y el espacio de almacén puede variar según las necesidades actuales y futuras.

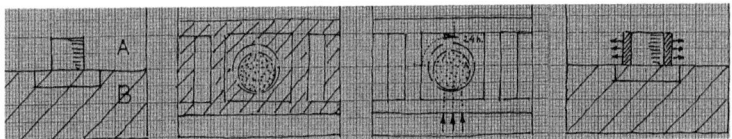

L'edifici té dues parts: el cilindre A, que conté la zona de lectura, i el soterrani B, que conté el magatzem // El edificio tiene dos partes: el cilindro A, que contiene la zona de lectura, y el sótano B, que contiene el almacén.

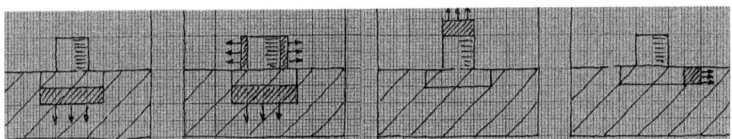

Es pot augmentar el diàmetre de la zona A i també es pot ampliar el nombre de plantes de la zona B // Se puede aumentar el diámetro de la zona A y también se puede ampliar el número de plantas de la zona B.

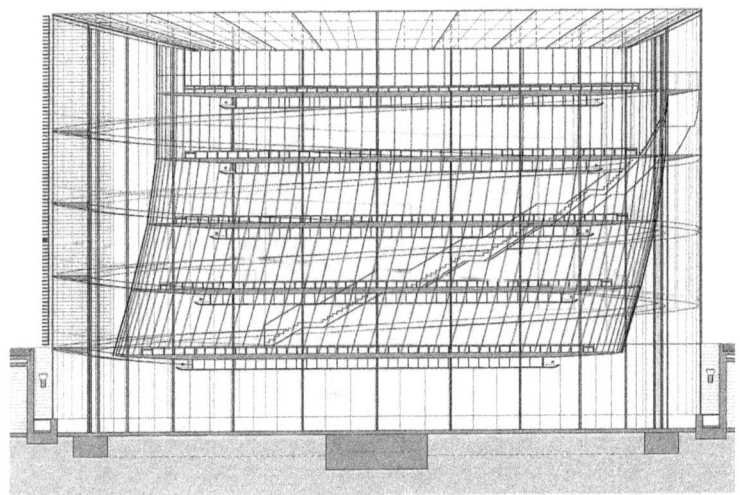

Superfícies verticals, aparentment molt dinàmiques, generades per la connexió entre els cercles de les plantes inferiors i les superiors // Superficies verticales, aparentemente muy dinámicas, generadas por la conexión entre los círculos de las plantas inferiores y las superiores.

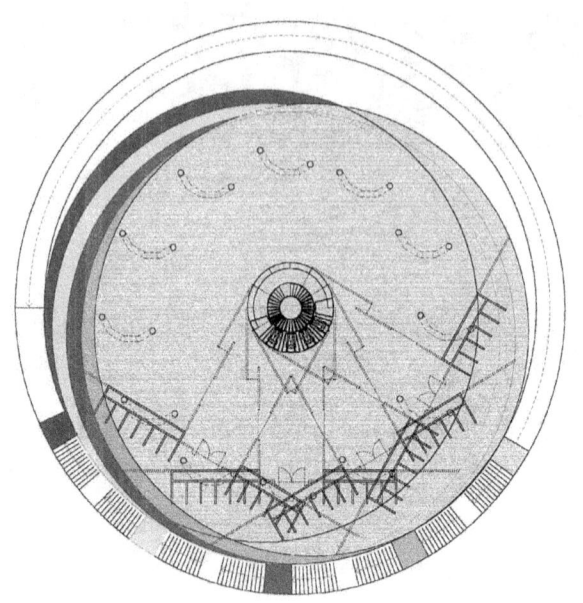

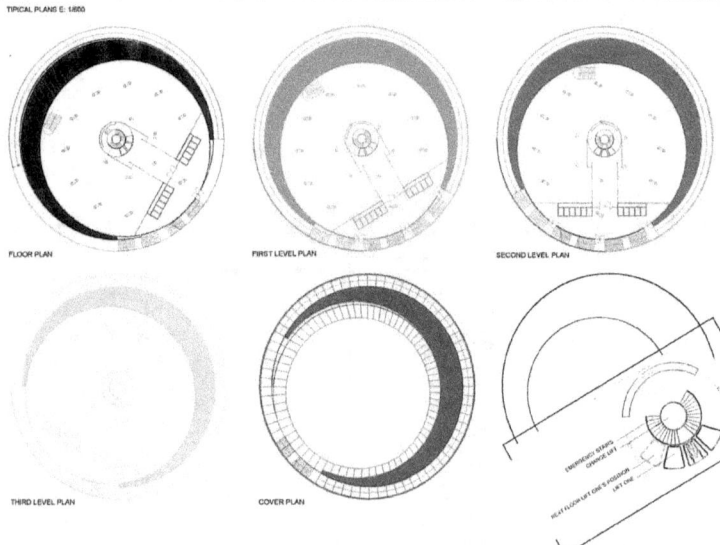

Esquerra: superposicions de les direccions de les plantes d'accés. Espais en forma de lluna entre el cilindre general exterior i el cilindre interior. Dreta, a dalt: imatge en què predomina el cilindre exterior i s'introdueixen les circulacions interiors. Dreta, a baix: imatge en què predominen les circulacions interiors tancades per una lleugera envolvent exterior // *Izquierda: superposición de las direcciones de las plantas de acceso. Espacios en forma de luna entre el cilindro general exterior y el cilindro interior. Derecha, arriba: imagen en la que predomina el cilindro exterior y se introducen las circulaciones interiores. Derecha, abajo: imagen en la que predominan las circulaciones interiores cerradas por una ligera envolvente exterior.*

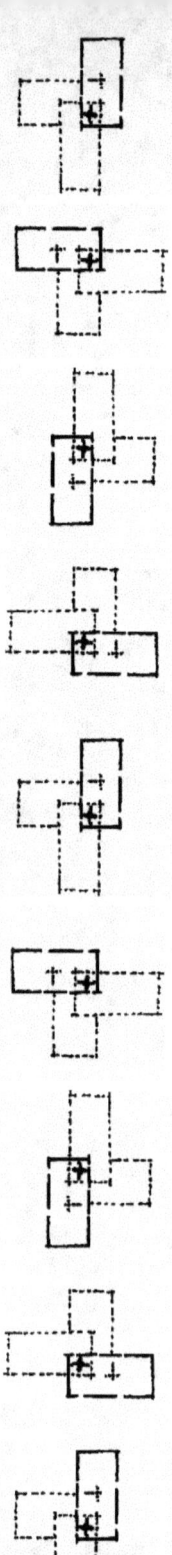

HABITATGES GIRATORIS SEGONS EL VENT //
VIVIENDAS GIRATORIAS SEGÚN EL VIENTO
BARCELONA, 2003

Habitatge experimental aïllat, que parteix d'uns requisits mínims per a ser habitat (32 m²). Es pot ampliar i millorar per aconseguir un alt nivell de qualitat (PB+32 m²+32 m²+32 m²). Es pot completar i agrupar per tal de disposar d'un conjunt elemental d'habitatges (150), com el que es va realitzar per al concurs internacional "Elemental Chile".

Vivienda experimental aislada, que parte de unos requerimientos mínimos para ser habitada (32 m²). Puede ampliarse y mejorarse para alcanzar un alto nivel de calidad (PB+ 32 m²+32 m²+32 m²). Puede completarse y agruparse para disponer de un conjunto elemental de viviendas (150), como el que se realizó para el concurso internacional "Elemental Chile".

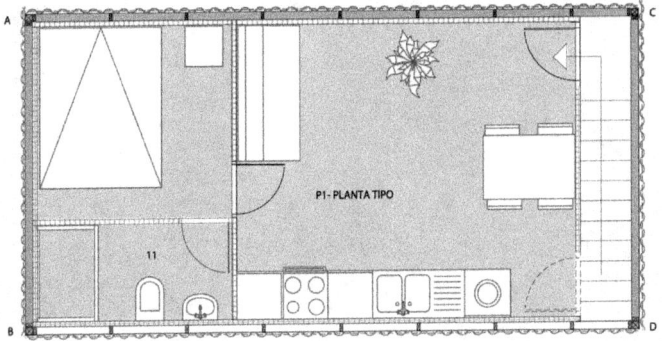

P1. Ocupació mínima com a habitatge unipersonal // P1. Ocupación mínima como vivienda unipersonal.

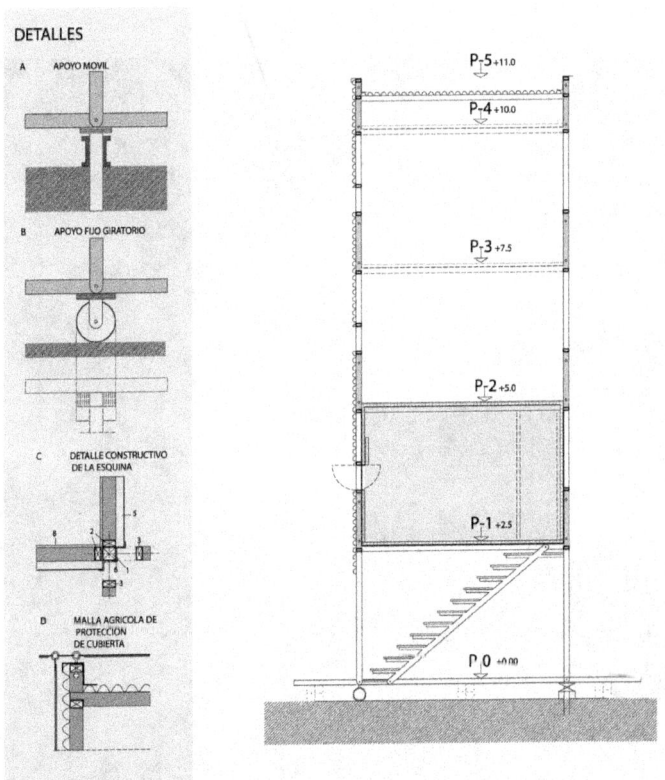

Esquerra: detalls constructius de l'estructura i els tancaments que es poden realitzar de manera molt elemental. Dreta: tot l'espai interior de l'edifici està protegit amb policarbonat del vent i la pluja. Les plantes superiors (P2 i P3) es poden ocupar segons les necessitats futures // Izquierda: detalles constructivos de la estructura y los cerramientos que se pueden realizar de manera muy elemental. Derecha: todo el espacio interior del edificio está protegido con policarbonato del viento y la lluvia. Las plantas superiores (P2 y P3) se pueden ocupar según las necesidades futuras.

ARQUITECTURA I MOVIMENT 104

Un pilar fix i tres amb rodes permeten girar i canviar de posició la casa per aconseguir bones orientacions a l'estiu i a l'hivern. Una estructura molt lleugera i elemental permet absorbir els esforços horitzontals mitjançant la possibilitat de gir // *Un pilar fijo y tres con ruedas permiten girar y cambiar de posición la casa para tener buenas orientaciones en verano y en invierno. Una estructura muy ligera y elemental permite absorber los esfuerzos horizontales mediante la posibilidad de giro.*

CASA ROTACIONAL // *CASA ROTACIONAL*

BARCELONA, 2004

Un nucli vertical en un costat de la casa permet desplaçaments parcials de cada pis. Els esforços verticals de les plataformes desplaçables es transmeten mitjançant pilars triangulars. Una guia corba al paviment permet els desplaçaments rotacionals. Les habitacions poden adoptar posicions diferents en l'espai. La fusteria assoleix l'hermeticitat gràcies a unes safates horitzontals d'aigua. Els gasòmetres telescòpics antics utilitzaven sistemes similars. Els ocells les poden utilitzar per beure, just davant del vidre de la finestra. La casa buida pot ser neutra i totalment vertical. Pot anar canviant d'orientació i de forma, segons les preferències de cada usuari.

Un núcleo vertical en un lateral de la casa permite desplazamientos parciales de cada piso. Los esfuerzos verticales de las plataformas desplazables se transmiten mediante pilares triangulares. Una guía curva en el pavimento permite los desplazamientos rotacionales. Las habitaciones pueden tener distintas posiciones en el espacio. La carpintería consigue la hermeticidad mediante bandejas horizontales de agua. Los gasómetros telescópicos antiguos utilizaban sistemas similares. Los pájaros pueden utilizarlas para beber, justo enfrente del cristal de la ventana. La casa vacía puede ser neutra y totalmente vertical. Puede ir cambiando de orientación y forma, según las preferencias de cada usuario.

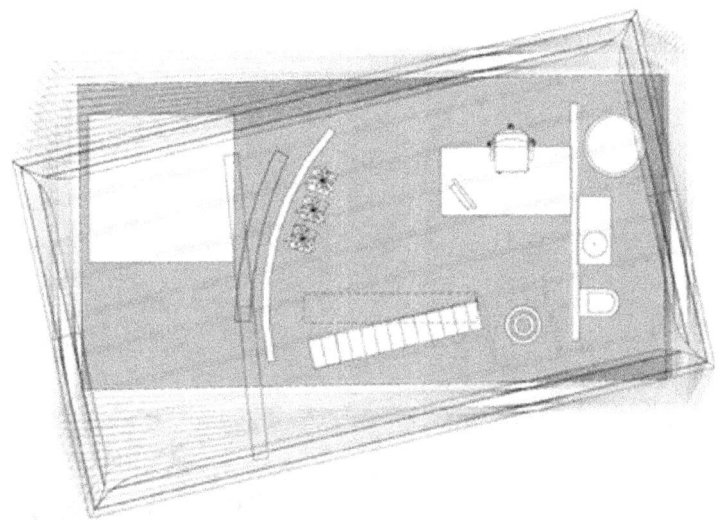

Planta tipus amb la superposició d'altres plantes desplaçables // *Planta tipo con la superposición de otras plantas desplazables.*

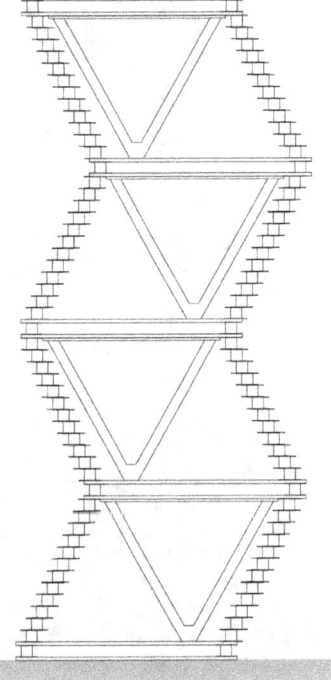

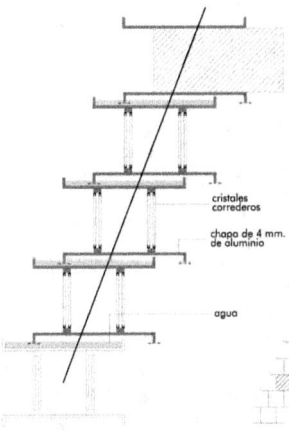

Pilar desplaçable en forma de "V" per tal de repartir els esforços del forjat. Desplaçaments del mur cortina amb safates d'aigua desplaçables per tal d'assegurar-ne l'estanquitat // *Pilar desplazable en forma de "V" para repartir los esfuerzos del forjado. Desplazamientos del muro cortina con bandejas desplazables para asegurar la estanqueidad.*

CERCLES OLÍMPICS PER A PARIS //
CÍRCULOS OLÍMPICOS PARA PARÍS

FRANÇA, 2004

Un recorregut helicoïdal en ascensor permet veure tot el paisatge dels voltants. No és un recorregut vertical en una sola direcció. El descens es realitza a través de rampes circulars a partir del punt d'arribada a la part superior. Els recorreguts circulars de les rampes se separen del centre per permetre el pas de l'ascensor. Els desplaçaments de les rampes de descens tenen relació amb els desplaçaments horitzontals de l'ascensor. Tot el conjunt queda protegit per una gran piscina circular d'aigua. Per accedir al centre, es puja una malla metàl·lica del fons de la piscina per poder caminar sense mullar-se els peus.

Un recorrido helicoidal en ascensor permite ver todo el paisaje de los alrededores. No es un recorrido vertical en una sola dirección. El descenso se realiza mediante rampas circulares a partir del punto de llegada en la parte superior. Los recorridos circulares de las rampas se separan del centro para permitir el paso del ascensor. Los desplazamientos de las rampas de descenso están en relación con los desplazamientos horizontales del ascensor. Todo el conjunto queda protegido con una gran piscina circular de agua. Para acceder al centro, se sube una malla metálica del fondo de la piscina para poder andar sin mojarse los pies.

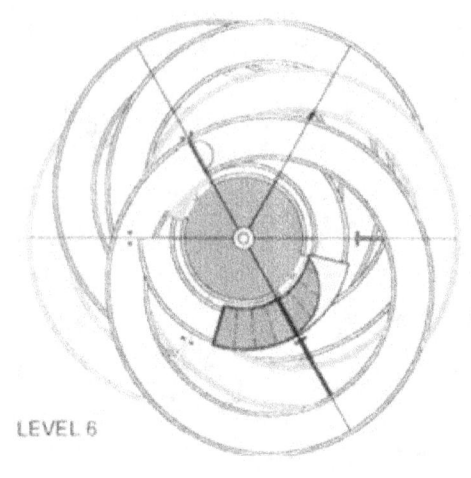

LEVEL 6

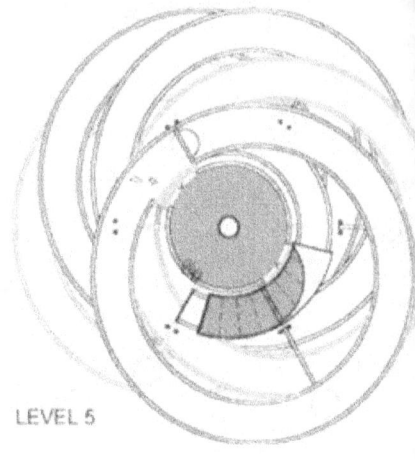

LEVEL 5

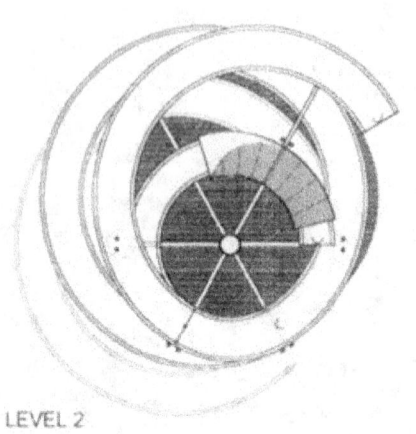

LEVEL 2

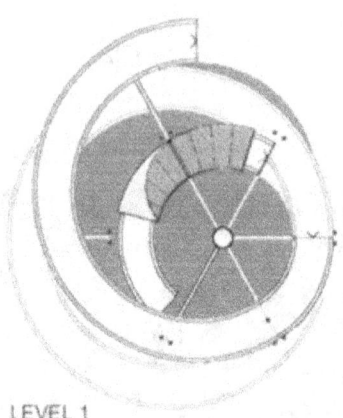

LEVEL 1

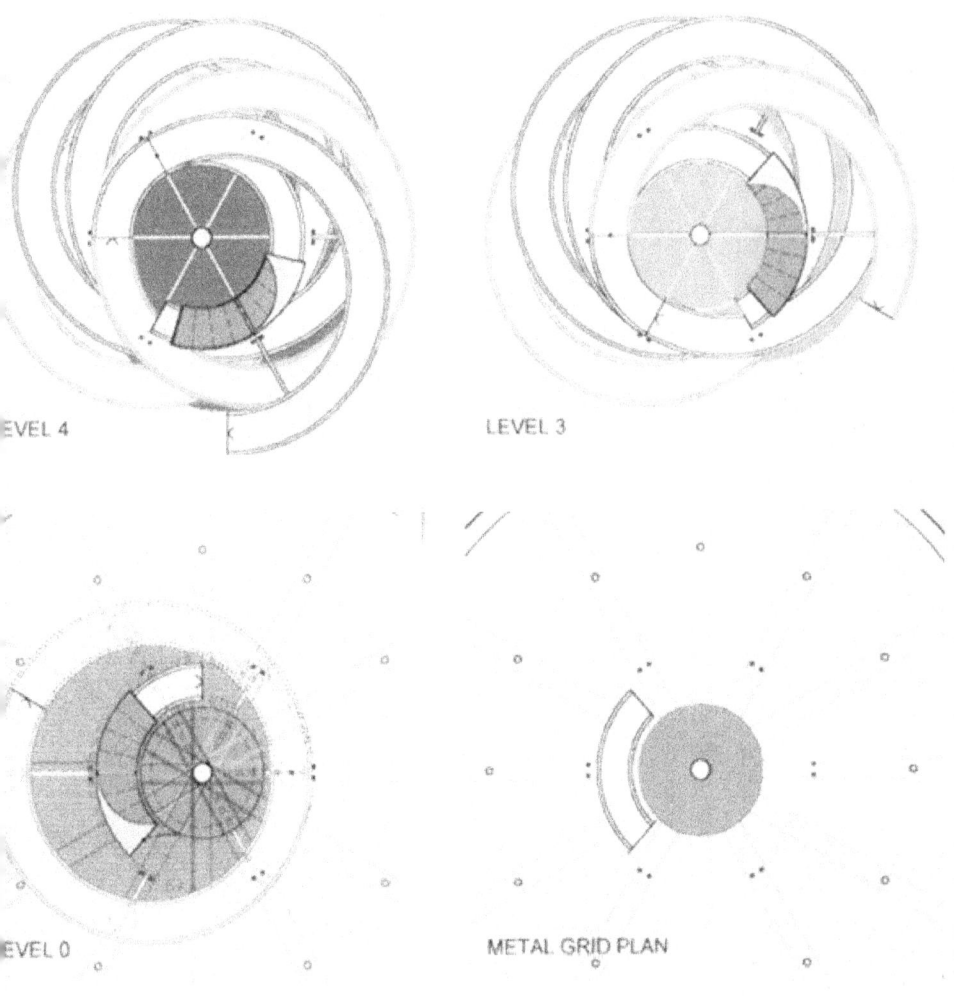

LEVEL 4 LEVEL 3

LEVEL 0 METAL GRID PLAN

Quan l'ascensor de recorregut helicoïdal és al mateix nivell que una rampa circular, aquesta en queda separada al màxim. El recorregut helicoïdal de l'ascensor queda complementat amb la disposició helicoïdal de les rampes circulars. Les persones que pugen amb l'ascensor i baixen per les rampes creen un moviment molt intens en l'espai // Cuando el ascensor de recorrido helicoidal está al mismo nivel que una rampa circular, ésta queda separada al máximo. El recorrido helicoidal del ascensor queda complementado con la disposición de las rampas circulares. Las personas que suben en el ascensor y bajan por las rampas crean un movimiento muy intenso en el espacio.

HABITATGES ERUGA // *VIVIENDAS ORUGA*

2005

L'ocupació d'habitatges en un terreny molt ben cuidat en provoca una alteració molt important. Una rulot situada en aquest tipus de terreny, que cada dia canvia de posició, pràcticament no l'altera. Els habitatges proposats tenen un desplaçament molt lent: 10 metres al dia. El terra de la planta baixa i el sostre de la coberta s'adapten lleugerament a la topografia del terreny. Els objectes i el mobiliari de l'habitatge, com llits, taules, cuines..., es mantenen sempre horitzontals. Un sistema de corrons permet desplaçar tota l'edificació. L'ocupació de 4 hectàrees es preveu que sigui per a 20 habitatges. El lloc que han d'ocupar cal que estigui programat en funció de les preferències de cada usuari. Se'n pot programar la relació i la distància als límits del terreny, l'orientació i la distància entre habitatges (familiars, amics...). Aquesta solució, portada a l'extrem, permetria desplaçar-se per corredors verds, al voltant d'una ciutat o entre dues ciutats determinades.

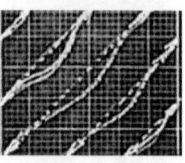
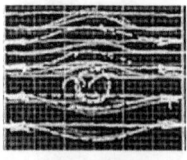

La ocupación de viviendas en un terreno muy bien cuidado provoca una alteración muy importante. Una roulotte situada en este tipo de terreno, que cada día cambia de posición, prácticamente no lo altera. Las viviendas propuestas tienen un desplazamiento muy lento: 10 metros al día. El suelo de la planta baja y el techo de la cubierta se adaptan ligeramente a la topografía del terreno. Los objetos y el mobiliario de la vivienda, como camas, mesas, cocinas..., se mantienen siempre horizontales. Un sistema de "rodillos" permite desplazar toda la edificación. La ocupación de 4 hectáreas se prevé que sea para 20 viviendas. El lugar a ocupar deberá programarse en función de las preferencias de cada usuario. Se pueden programar la relación y la distancia a los límites del terreno, la orientación y la distancia entre viviendas (familiares, amigos...). Esta solución, llevada al extremo, permitiría desplazarse por corredores verdes, en torno a una ciudad o entre dos ciudades determinadas.

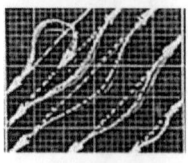

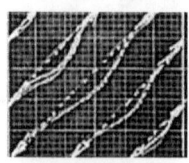

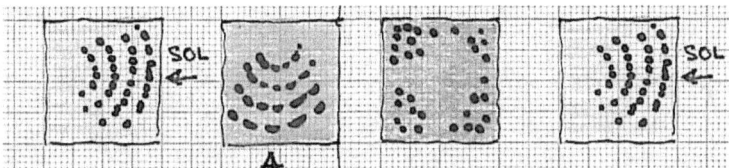

Diferents posicions dels habitatges en una zona assolellada // *Diferentes posiciones de las viviendas en una zona soleada.*

Espai amb molta qualitat paisatjística per a situar-hi els habitatges // *Espacio de gran calidad paisajística para ubicar las viviendas.*

Habitatge desplaçant-se molt lentament en el territori // *Vivienda desplazándose muy lentamente en el territorio.*

Diferent emplaçament on se situa l'habitatge // *Diferente emplazamiento donde se sitúa la vivienda.*

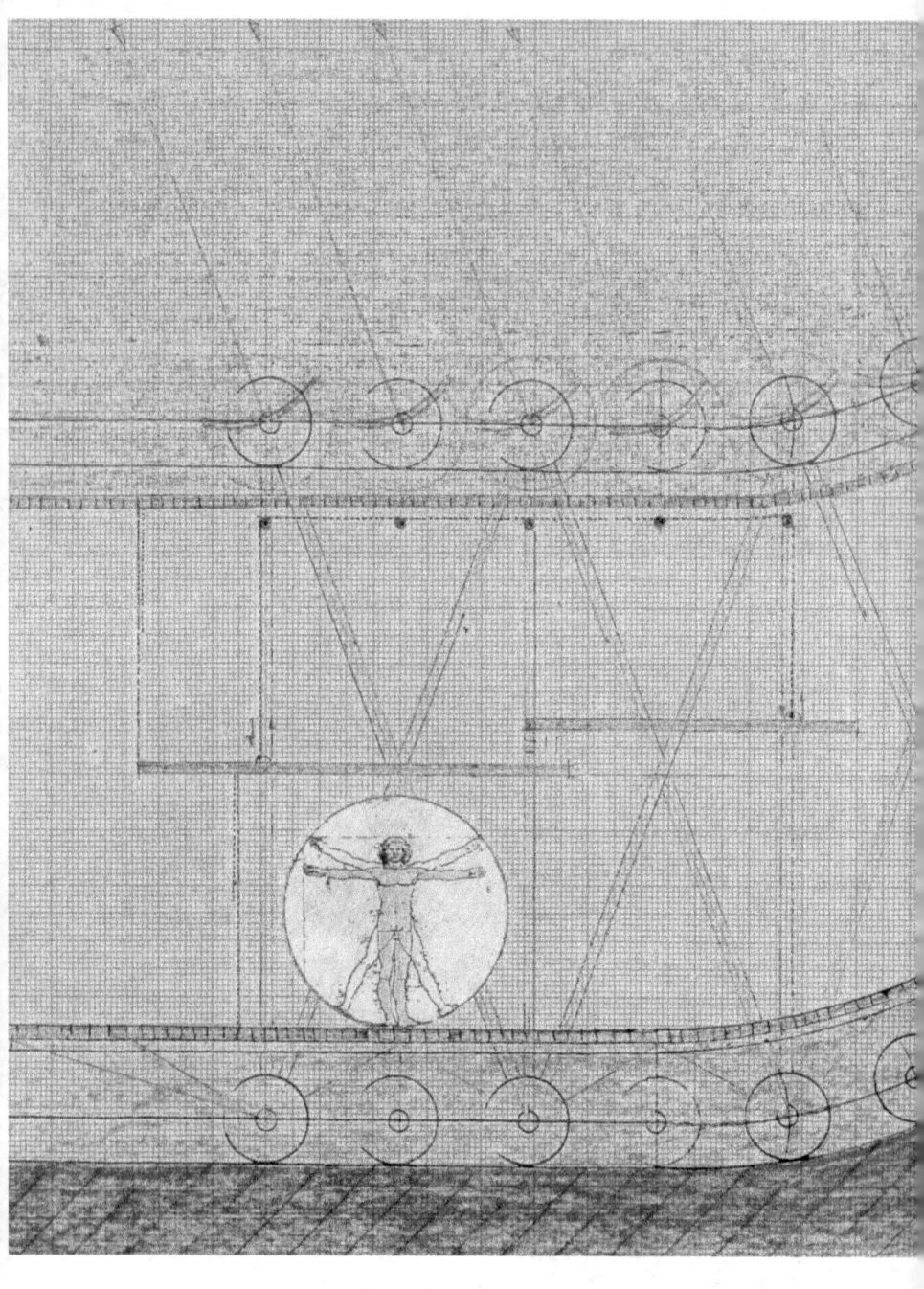

ARQUITECTURA I MOVIMENT 116

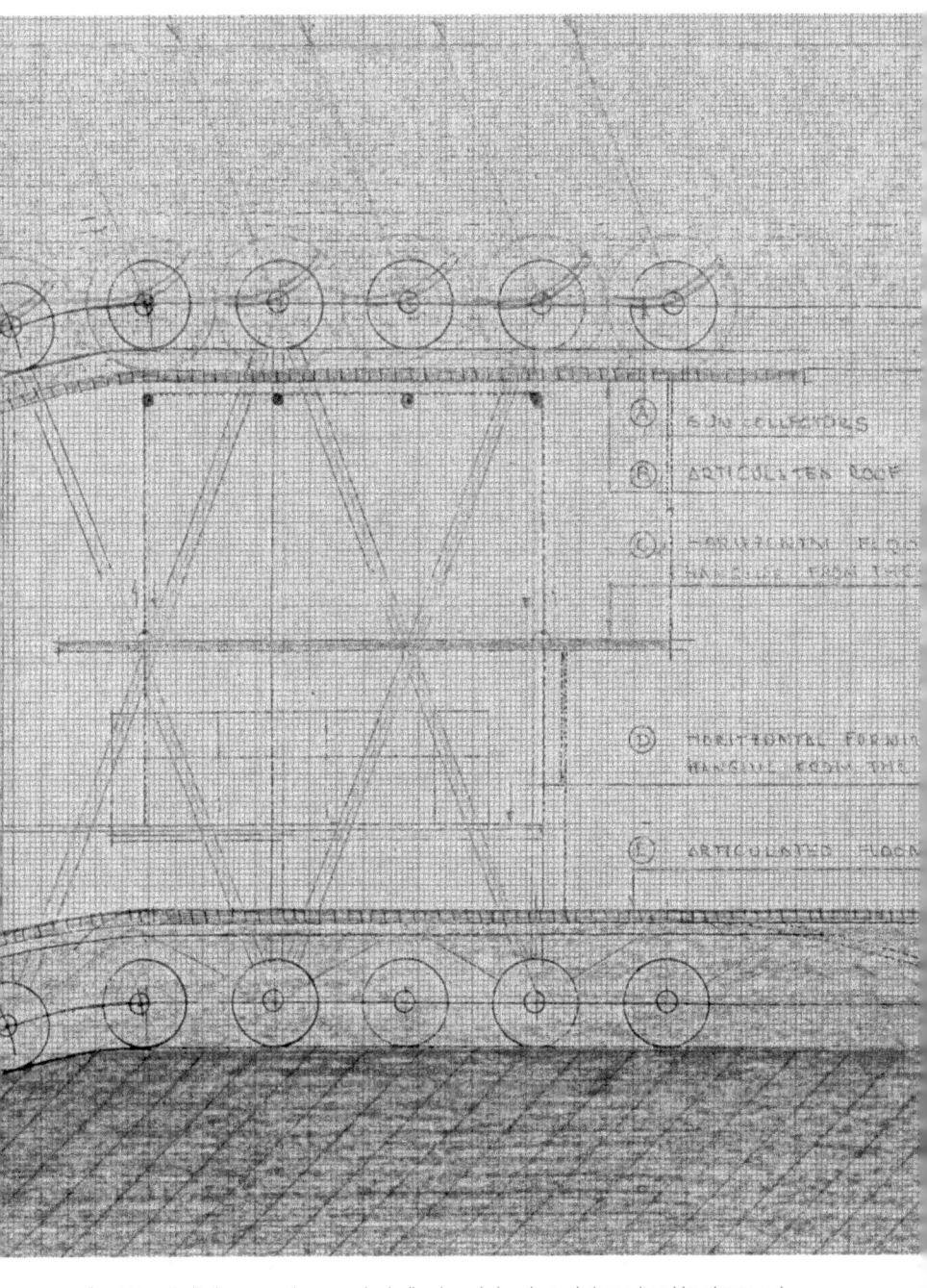

Secció longitudinal on es poden veure les inclinacions de les plantes baixes adaptables al terreny i les plantes horitzontals del pis superior // *Sección longitudinal donde se pueden ver las inclinaciones de las plantas bajas adaptables al terreno y las plantas horizontales del piso superior.*

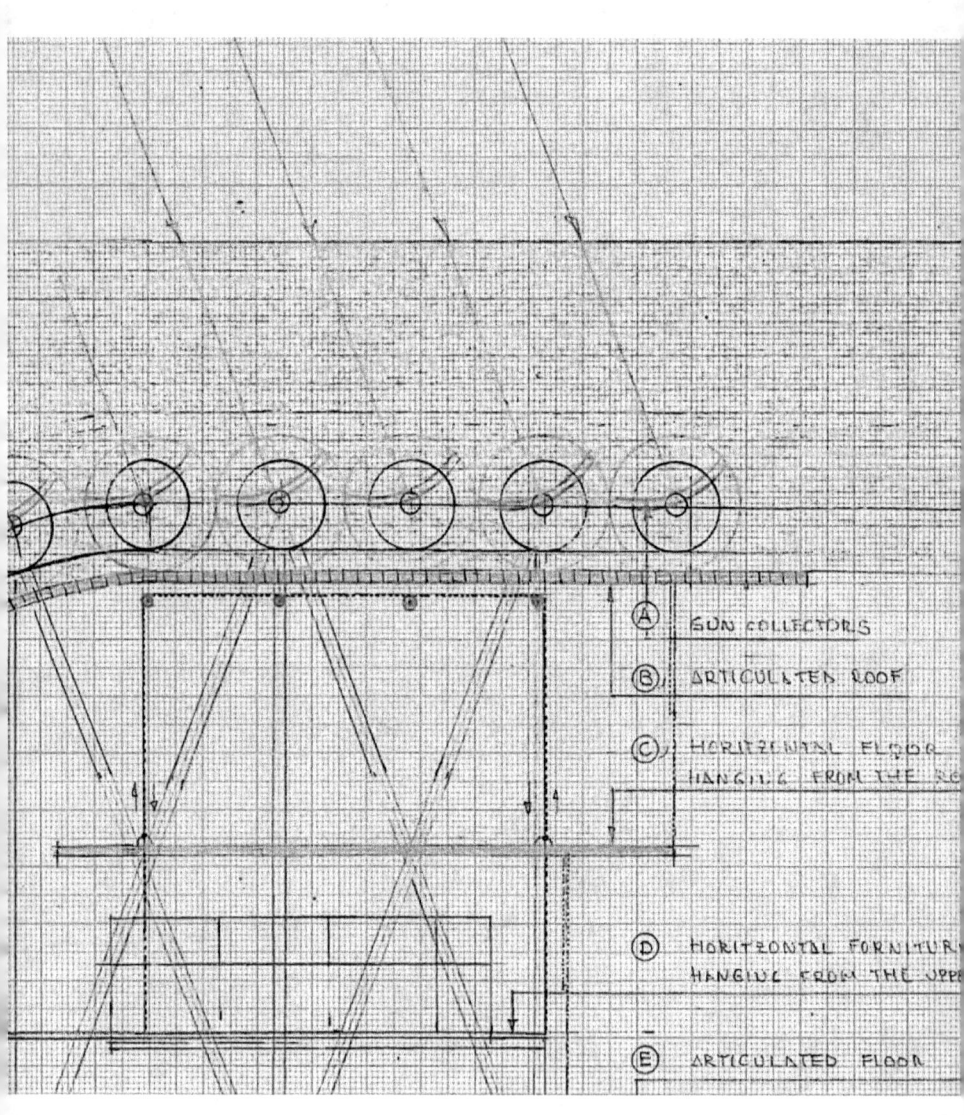

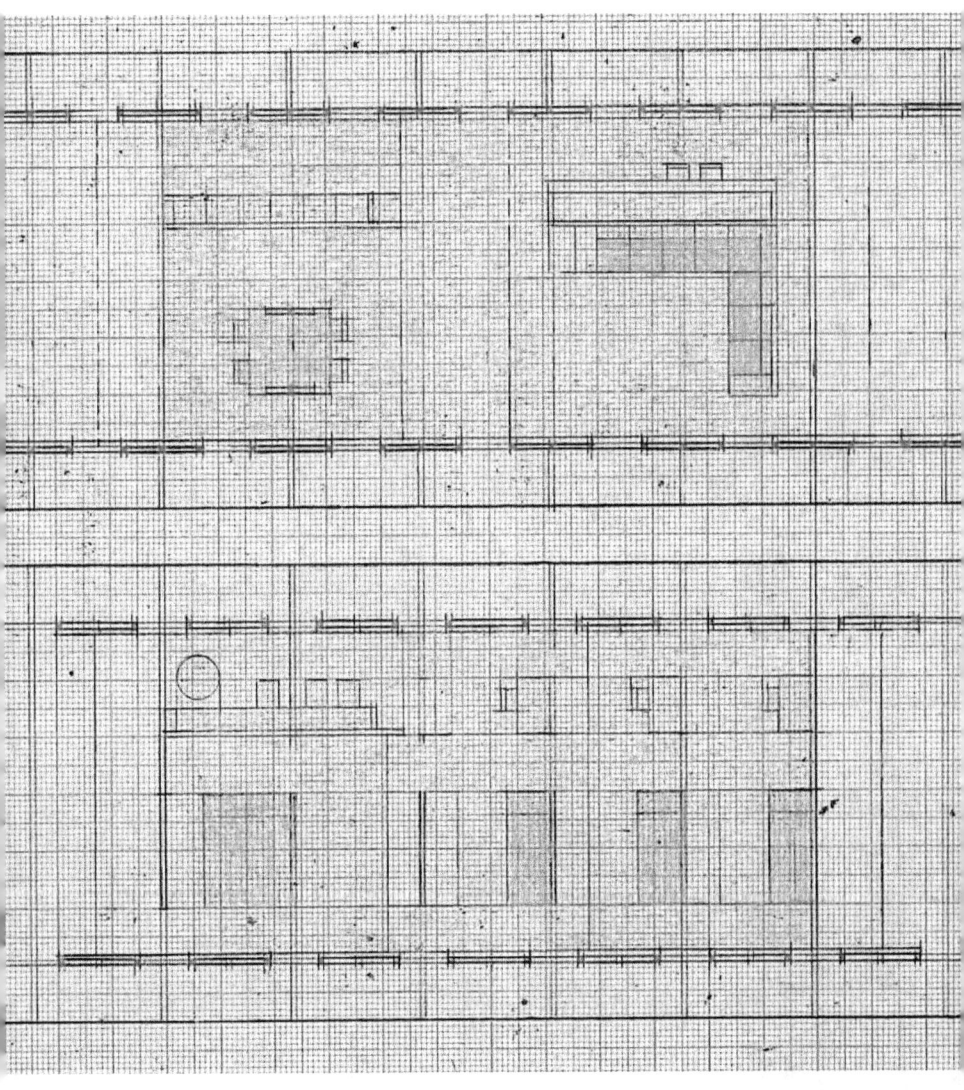

Distribució de la planta inferior i de la planta superior de dormitoris // Distribución de la planta interior y de la planta superior de dormitorios.

HABITATGES AMB SALA D'ESTAR DESPLAÇABLE // *VIVIENDAS CON SALA DE ESTAR DESPLAZABLE*

2006

En un habitatge convencional, hi ha dormitoris que queden poc relacionats amb la sala d'estar. Pot interessar que un dormitori determinat es relacioni directament amb la sala d'estar. La sala d'estar pot tenir un lloc preferent durant el dia. Es proposa una sala d'estar desplaçable al llarg de tot el cos de dormitoris. Dues guies metàl·liques al jardí amb un petit motor a cada guia, sincronitzats, en permeten el desplaçament. La tècnica és la mateixa que la de les cobertes retràctils de les piscines. L'estructura de l'edifici és metàl·lica, amb panells de sandvitx de fusta aïllats, igual que els terres i els sostres. La part desplaçable és d'estructura metàl·lica i coberta de policarbonat.

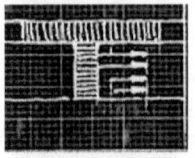

En una vivienda convencional, hay dormitorios que quedan poco relacionados con la sala de estar. Puede interesar que un determinado dormitorio se relacione directamente con la sala de estar. La sala de estar puede tener un lugar preferente durante el día. Se propone una sala de estar desplazable a lo largo de todos los cuerpos de dormitorios. Dos guías metálicas en el jardín con un pequeño motor a cada guía, sincronizados, permiten el desplazamiento. La técnica es la misma que la de las cubiertas retráctiles de las piscinas. La estructura del edificio es metálica, con paneles sandwich de madera aislados, al igual que los suelos y los techos. La parte desplazable es de estructura metálica y cubierta de policarbonato.

A les tres fotos, es pot veure el contrast entre el gran volum de la sala d'estar desplaçable i el volum longitudinal dels dormitoris // *En las tres fotos, se puede ver el contraste entre el gran volumen de la sala de estar desplazable y el volumen longitudinal de los dormitorios.*

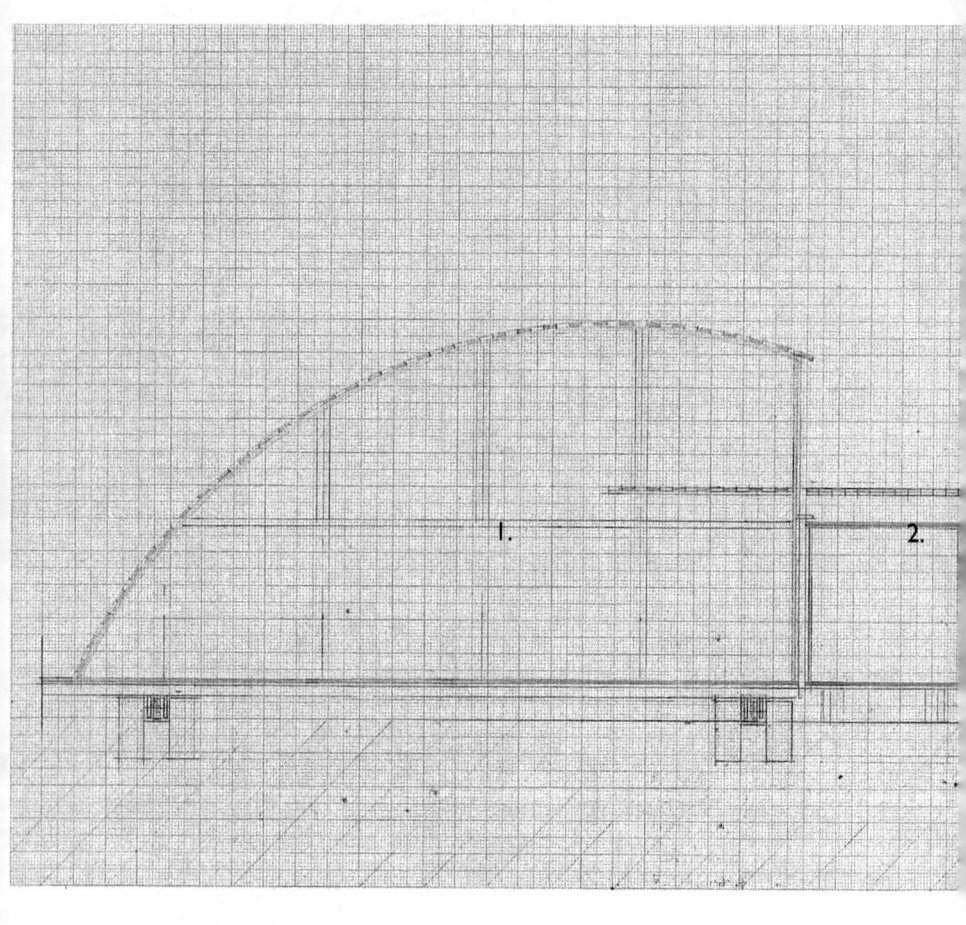

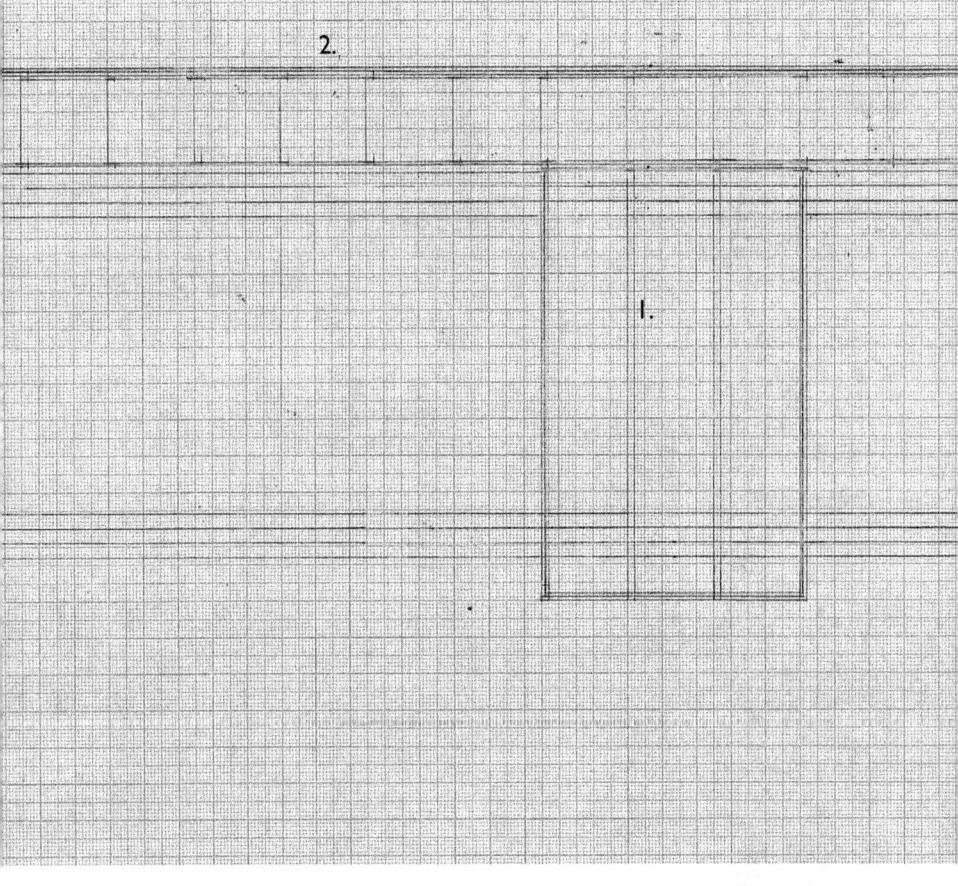

Esquerra: secció del gran espai de la sala d'estar (1) i de l'espai reduït dels dormitoris (2). Dreta: planta amb els dormitoris longitudinals (2) i la sala d'estar a un costat (1) // *Izquierda: sección del gran espacio de la sala de estar (1) y del espacio reducido de los dormitorios (2). Derecha: planta con los dormitorios longitudinales (2) y la sala de estar a un lado (1).*

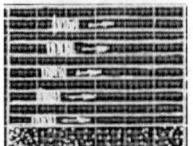

HABITATGES DESPLAÇABLES HORITZONTALMENT // *VIVIENDAS DESPLAZABLES HORIZONTALMENTE*

2007

Els habitatges són longitudinals i de dues plantes. Tenen desplaçaments horitzontals. Es pot evitar la posició en què l'habitatge veí tapa les vistes. Consisteix en una plataforma amb un habitatge a sobre. Una escala grada a l'exterior permet tenir diferents posicions en l'espai. El moviment i les posicions es poden programar segons les preferències dels ocupants. No s'hi pot consolidar vegetació que interrompi el recorregut. Està ancorat a les guies per tal d'absorbir els esforços del vent. Hi pot haver un focus de vegetació fora de les guies. Segons el tipus de roda, podria tenir diferents tipus de desplaçaments. Rodes en una direcció, combinades amb rodes perpendiculars, permeten totes les posicions.

Las viviendas son longitudinales y de dos plantas. Tienen desplazamientos horizontales. Se puede evitar la posición en la que la vivienda vecina tape las vistas. Consiste en una plataforma con una vivienda encima. Una escalera grada en el exterior permite diferentes posiciones en el espacio. El movimiento y las posiciones se pueden programar según las preferencias de los ocupantes. No permite consolidar vegetación que interrumpa el recorrido. Está anclada a las guías para absorber los esfuerzos del viento. Se puede tener un foco de vegetación fuera de las guías. Según el tipo de rueda, podría tener diferentes tipos de desplazamientos. Ruedas en una dirección, combinadas con ruedas perpendiculares, permiten todas las posiciones

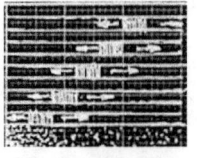
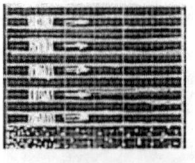
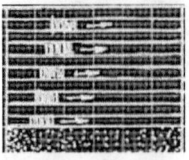

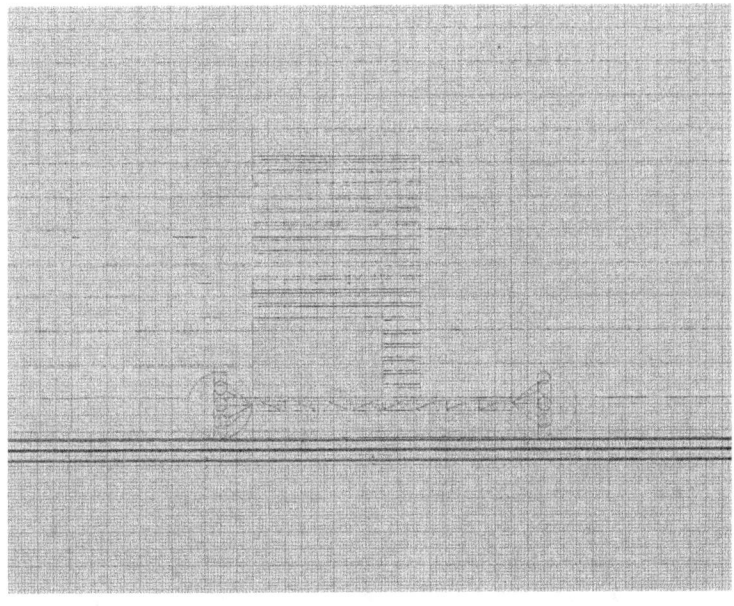

Plataforma desplaçable i escales que permeten disposar-hi vegetació (amb testos i torretes) i zones d'estar // Plataforma desplazable y escaleras que permiten disponer vegetación (con tiestos y macetas) y zonas de estar.

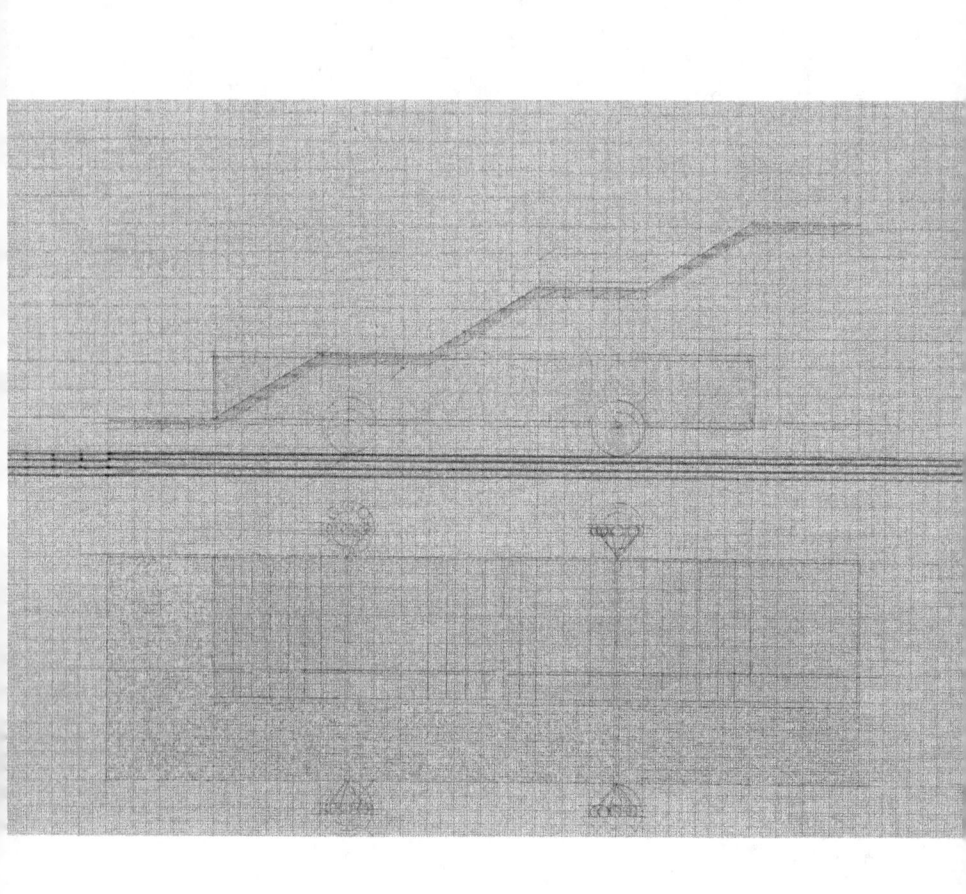

Planta i secció de la plataforma, l'escalinata "lúdica" i l'habitatge. Desplaçament de les plataformes per tal de tenir bones orientacions i optimitzar les vistes // *Planta y sección de la plataforma, la escalinata "lúdica" y la vivienda. Desplazamiento de las plataformas para tener buenas orientaciones y optimizar las vistas.*

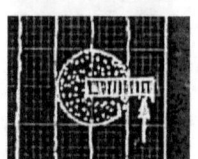

HABITATGES SÍNIA // *VIVIENDAS NORIA*

2007

La relació d'una sala d'estar amb una superfície d'aigua pot ser interessant. Si, a més, l'aigua reflecteix el sol, pot ser-ho molt més. La relació amb l'aigua i el sol es pot mantenir constant ja que la construcció pot girar. L'accés és per la part de fora de l'aigua, amb una escala rodona i un muntacàrregues. Hi ha una gran columna al centre de la piscina, que pot estar envoltada per una escala helicoïdal que va a parar a la base de la piscina. La casa es pot moure a voluntat de l'usuari, que en pot escollir així les vistes i les orientacions preferides.

La relación de una sala de estar con una superficie de agua puede ser interesante. Si, además, el agua refleja el sol, puede serlo mucho más. La relación con el agua y el sol se puede mantener constante ya que la construcción puede girar. El acceso se realiza por la parte exterior del agua, con una escalera redonda y un montacargas. En el centro de la piscina se halla una gran columna, que puede estar rodeada por una escalera helicoidal que va a parar a la base de la piscina. La casa se puede mover a voluntad del usuario, para escoger las vistas y orientaciones preferidas.

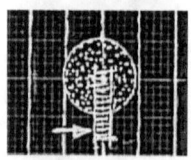

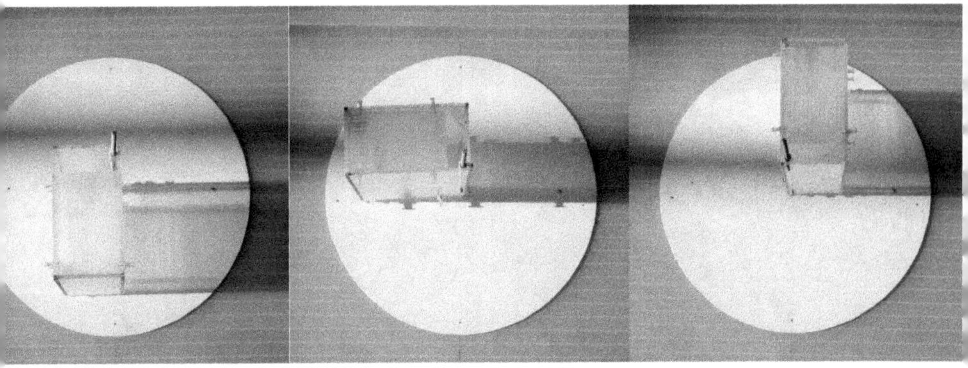

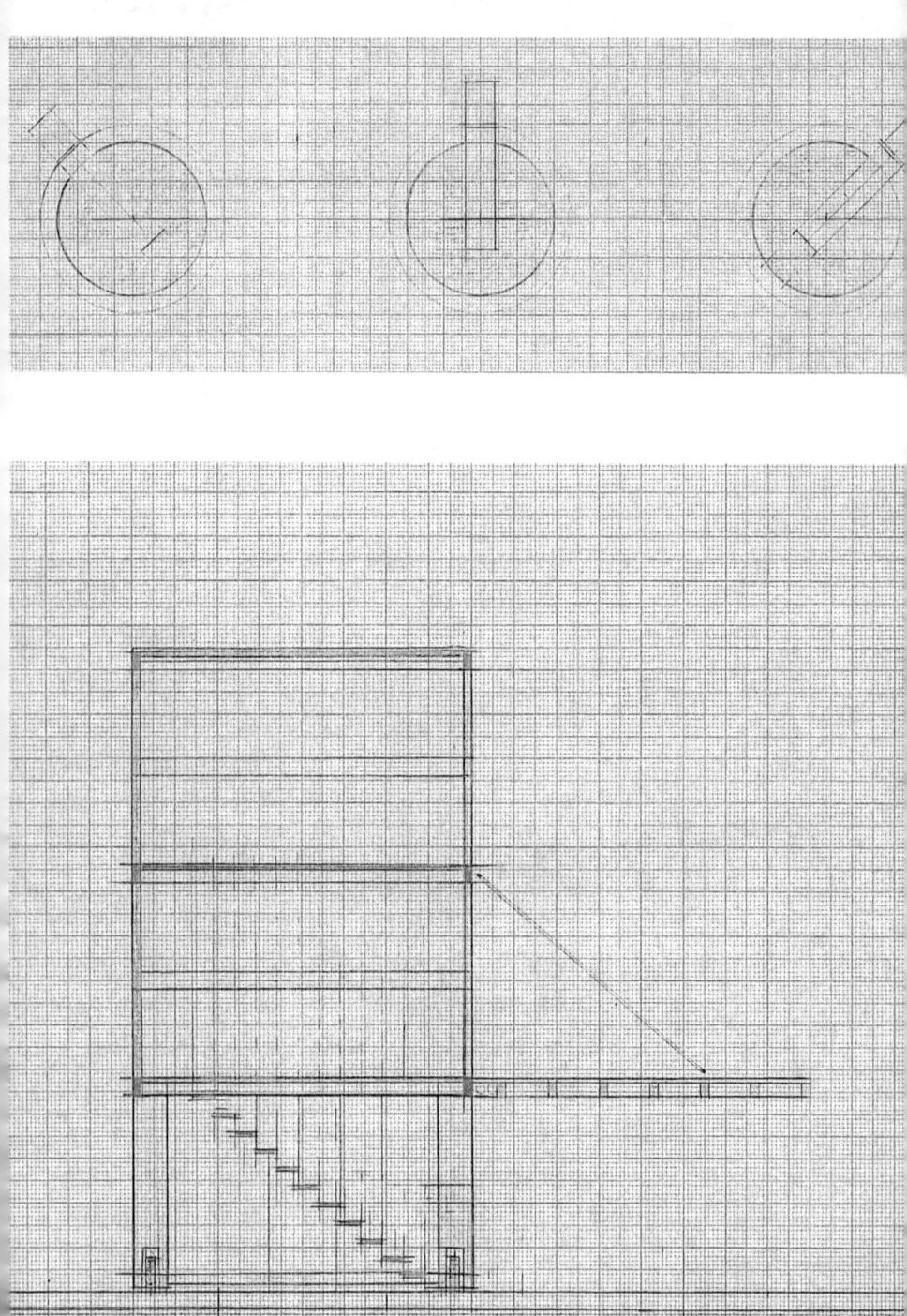

CONTENIDORS DESPLAÇABLES // *CONTENEDORES DESPLAZABLES*

2007

El contenidor és una caixa metàl·lica hermètica, pensada per a ser omplerta amb mercaderies molt pesants. S'hi poden apilar fins a sis o vuit pisos. Els contenidors destinats a habitatge han d'estar més aviat buits per poder-hi viure. Si s'hi posen molts pisos i estan descarregats, cal unir-los i atirantar-los enfront del vent. Tenir un lloc econòmic per dormir i estar protegit en un indret cèntric d'una ciutat és extraordinari. Haver de pujar molts pisos és un aspecte secundari. Les escales d'accés estan plantejades com un espai de relació; és per això que tenen una part més ampla. És un fragment d'escalinata que moltes vegades serveix per descansar, conversar, mirar i, sobretot, relacionar-se. Els contenidors es poden desplaçar horitzontalment amb vies similars a les grues dels ports. Es poden programar perquè tinguin vistes i assolellament. D'aquesta manera, es poden assolir densitats més altes, amb bones condicions d'habitabilitat.

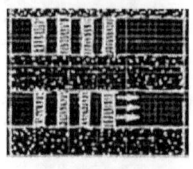
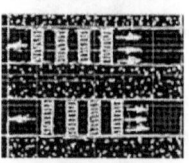

El contenedor es una caja metálica hermética, pensada para llenarla con mercancías muy pesadas. Se pueden apilar hasta seis u ocho pisos. Los contenedores destinados a vivienda han de estar más bien vacíos para poder vivir. Si se ponen muchos pisos y están descargados, hay que unirlos y atirantarlos contra el viento. Tener un lugar económico para dormir y estar protegido en un punto céntrico de una ciudad es algo extraordinario. Tener que subir muchos pisos es un aspecto secundario. Las escaleras de acceso están planteadas como un espacio de relación; es por ello que tienen una parte más ancha. Se trata de un fragmento de escalinata que muchas veces sirve para descansar, conversar, mirar y, sobre todo, relacionarse. Los contenedores pueden desplazarse horizontalmente a través de vías similares a las de las grúas de los puertos. Pueden programarse para tener vistas y soleamiento. De este modo, pueden lograrse densidades más elevadas, con buenas condiciones de habitabilidad.

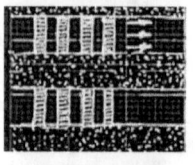
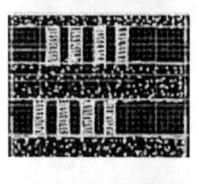
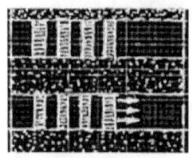
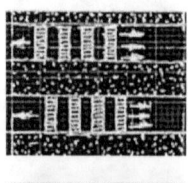

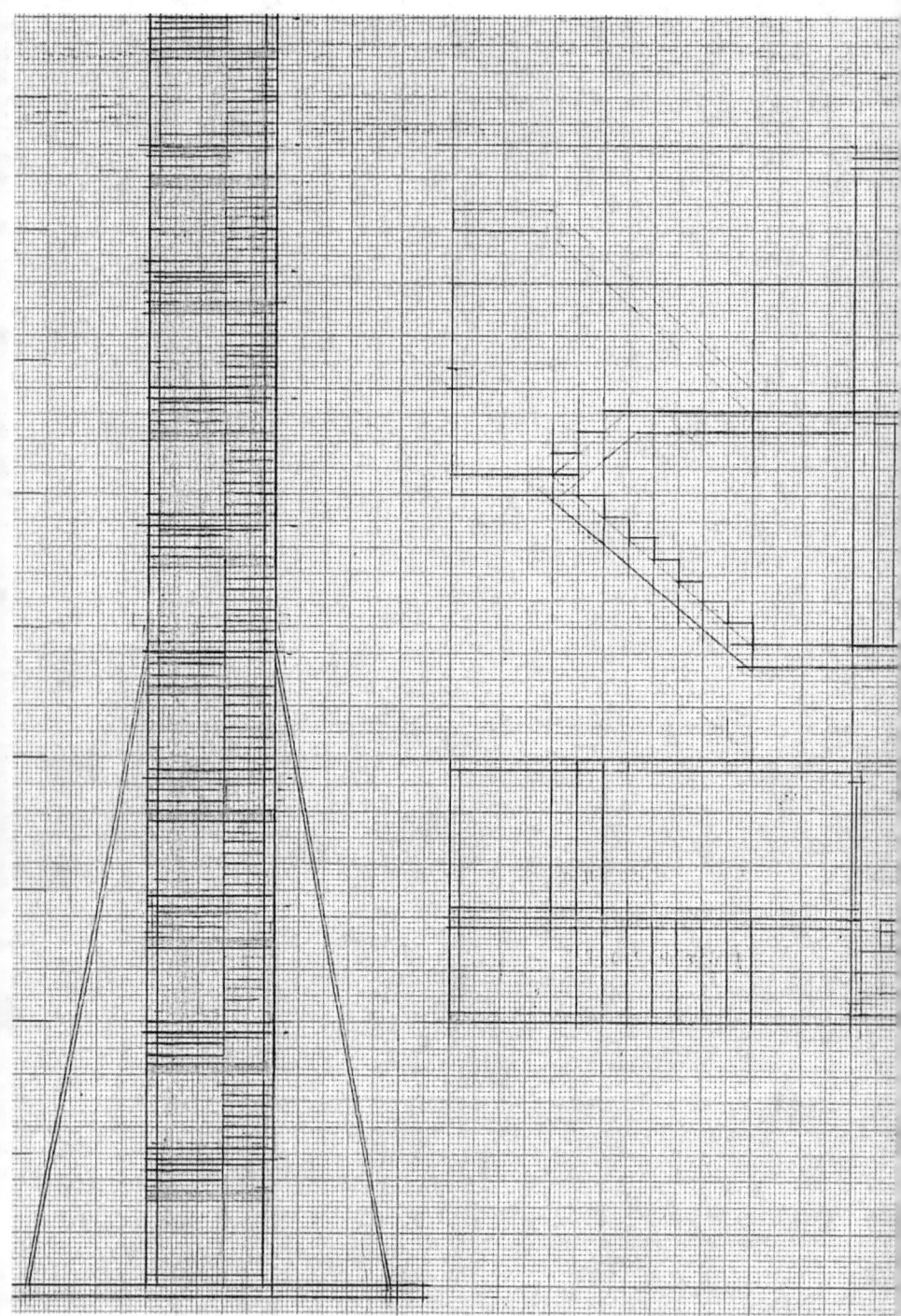

PLATAFORMES SSS // *PLATAFORMAS SSS*

BARCELONA, 2005

PLATAFORMES SSS és una unitat d'habitatges situada a la costa de Barcelona. Pot tenir una capacitat de fins a 25.000 habitants. Una plataforma a 100 metres d'alçada conté la major part dels espais comuns de la unitat. Per sobre d'aquesta plataforma, hi ha nou illes de dimensions similars a les de l'Eixample de Barcelona. Per sota d'aquesta, hi ha els equipaments principals i, a més, carrers d'habitatges oberts per la part inferior i amb vistes al mar. A la plataforma principal, hi ha comerços amb contenidors mòbils, zones verdes, espais de jocs polivalents i una rambla amb vistes al mar. La posició definitiva de les nou mançanes superiors és variable. Es poden apujar i abaixar per permetre'n les vistes. Les diferents posicions es reparteixen durant les hores de sol. La velocitat és contínua i molt lenta. L'energia per al moviment es capta de les marees. El conjunt és com un organisme viu. És com un gran animal marí de reaccions lentes. El moviment pot generar so. Una melodia suau es pot desprendre de tot l'edifici. Les plataformes s'eleven hidràulicament. La tecnologia es basa en la que s'utilitza per a la construcció de les plataformes petrolieres.

PLATAFORMAS SSS es una unidad de viviendas situada en la costa de Barcelona. Puede tener una capacidad de hasta 25.000 habitantes. Una plataforma a 100 metros de altura contiene la mayor parte de los espacios comunes de la unidad. Por encima de esta plataforma, hay nueve manzanas de dimensiones similares a las del Ensanche de Barcelona. Por debajo de ella, se hallan los equipamientos principales y, además, calles de viviendas abiertas por la parte inferior y con vistas al mar. En la plataforma principal, hay comercios con contenedores móviles, zonas verdes, espacios de juegos polivalentes y una rambla con vistas al mar. La posición definitiva de las nueve manzanas superiores es variable. Pueden subir o bajar para permitir las vistas. Las diferentes posiciones se reparten durante las horas de sol. La velocidad es continua y muy lenta. La energía para el movimiento se capta de las mareas. El conjunto es como un organismo vivo. Es como un gran animal marino de reacciones lentas. El movimiento puede generar sonido. Una melodía suave puede desprenderse de todo el edificio. Las plataformas se elevan hidráulicamente. La tecnología se basa en la que se utiliza en la construcción de plataformas petrolíferas.

SANT CLIMENT DE TAULL 23 m
EDIFICACIO BARCELONA
BUILDING RACINE, WYOMING 45 m
CAMPANAR GOTIC CREUER CATEDRAL 64,5 m (20 m MES ALT QUE LA NAU)
TORRE DE PISA 54,74 m
TORRE
TORRE PICASSO MADRID 157 m
TORRE EIFFEL PARIS

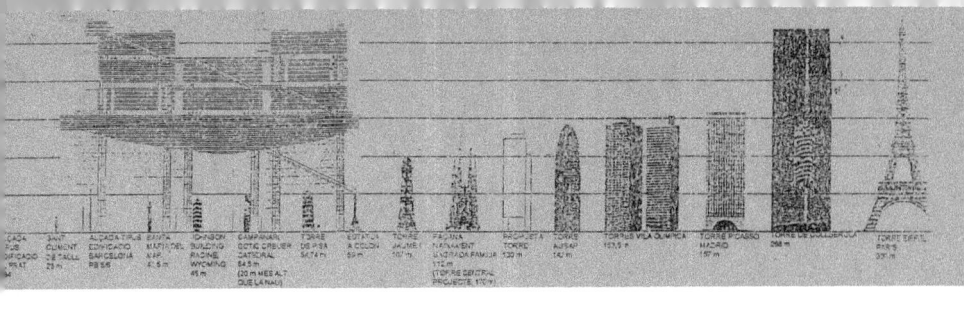

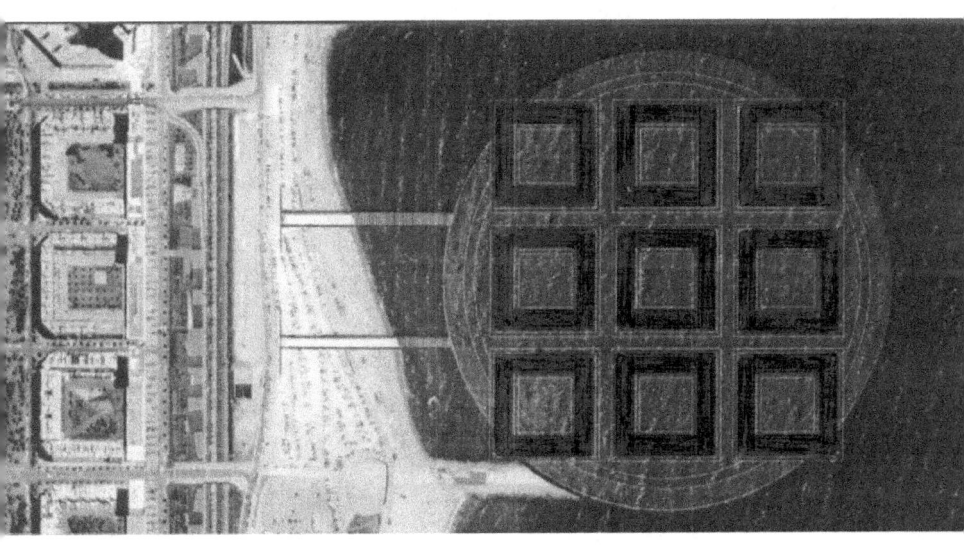

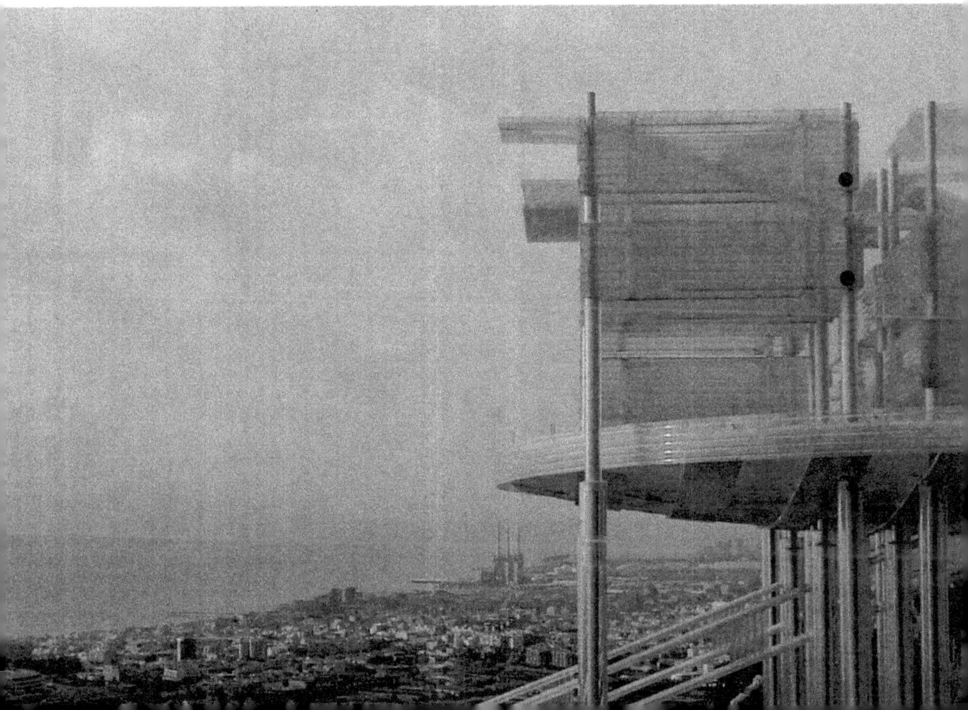

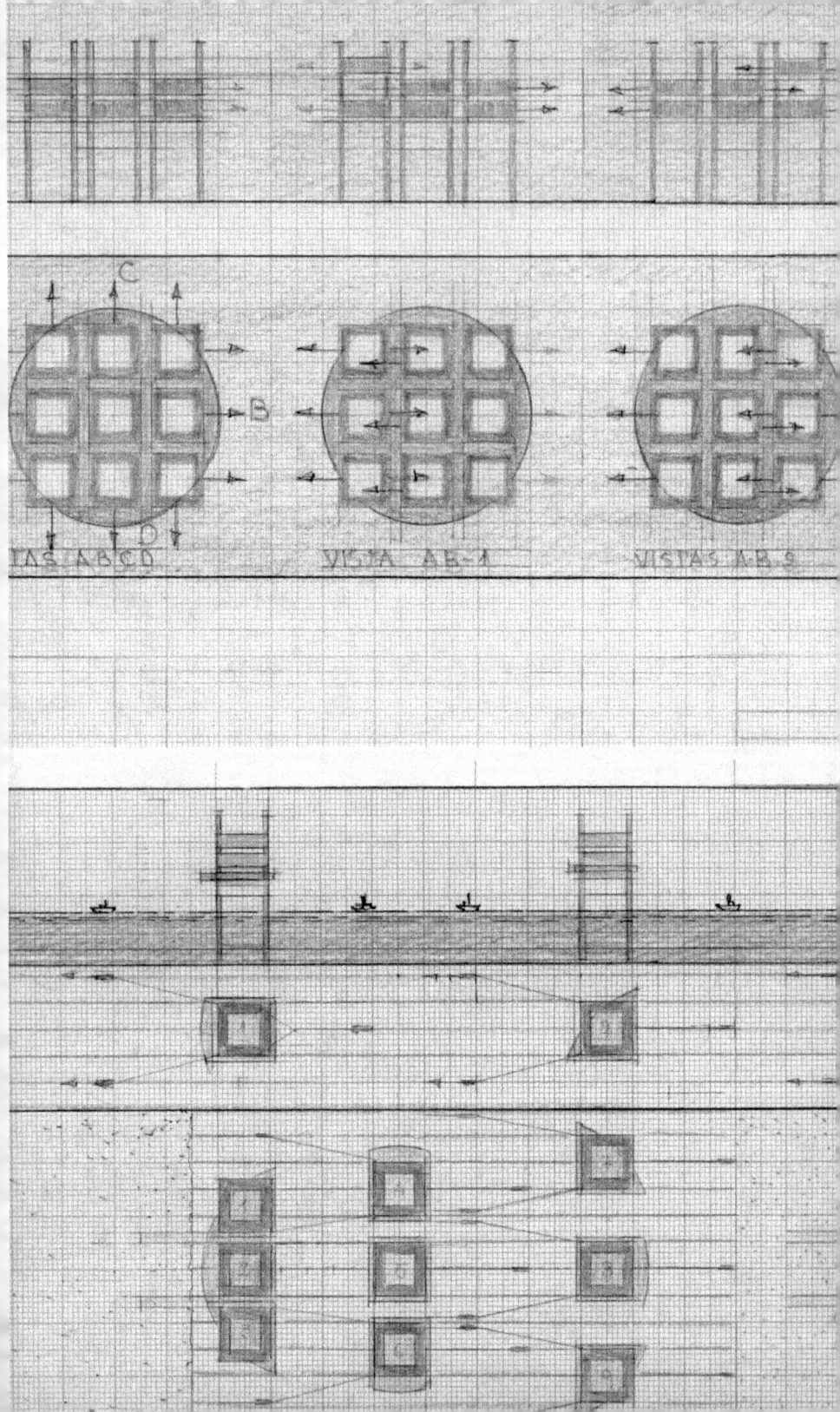

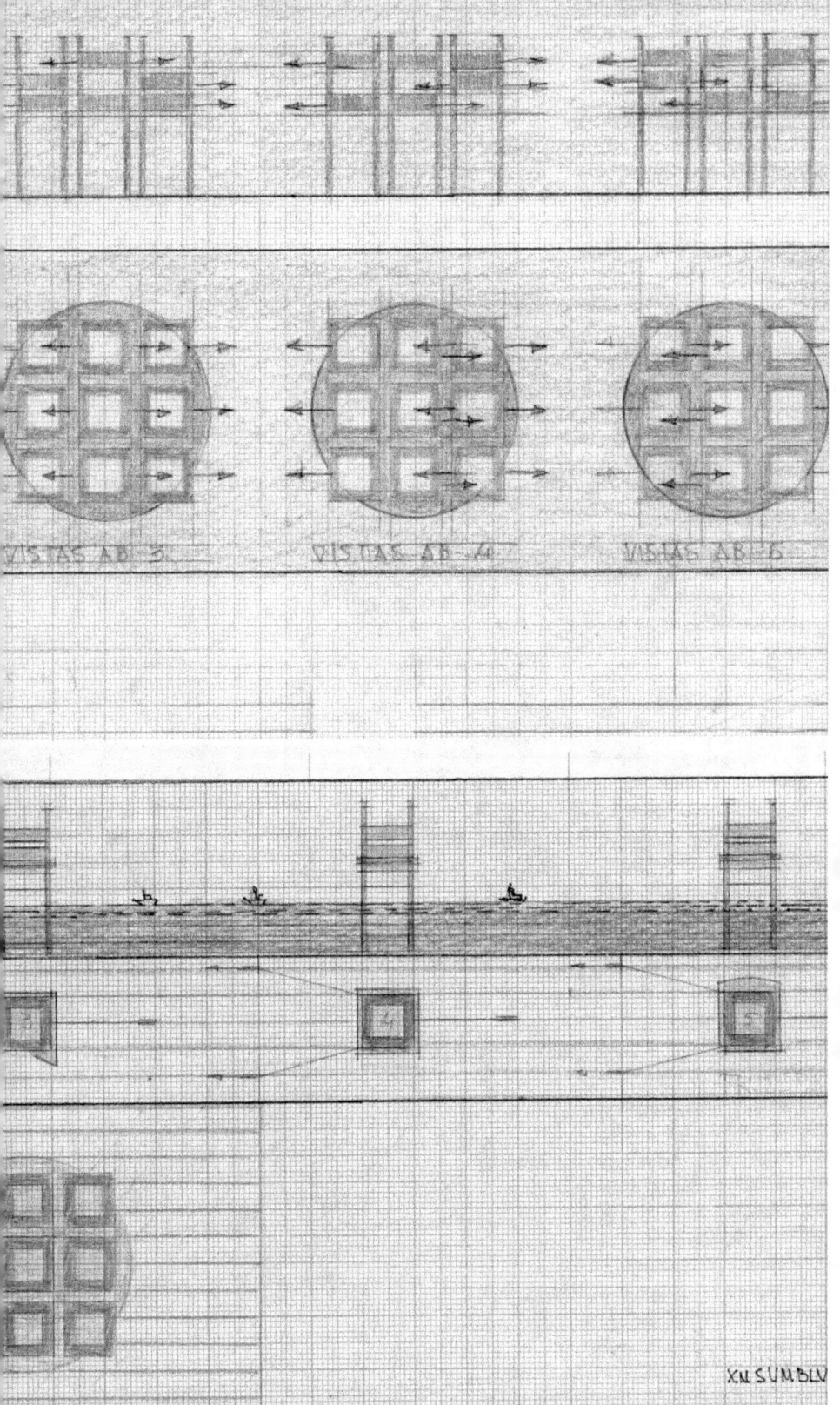

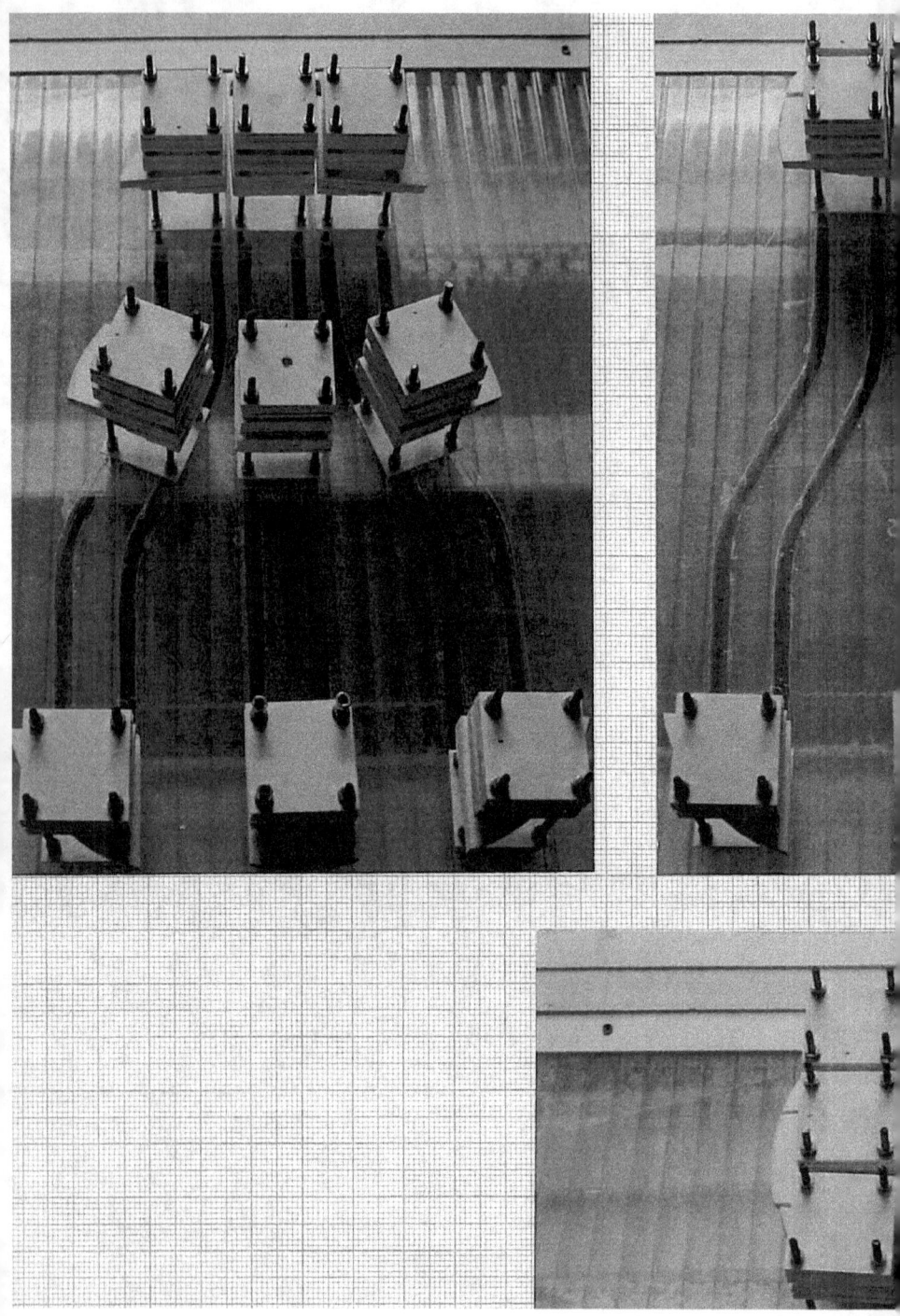

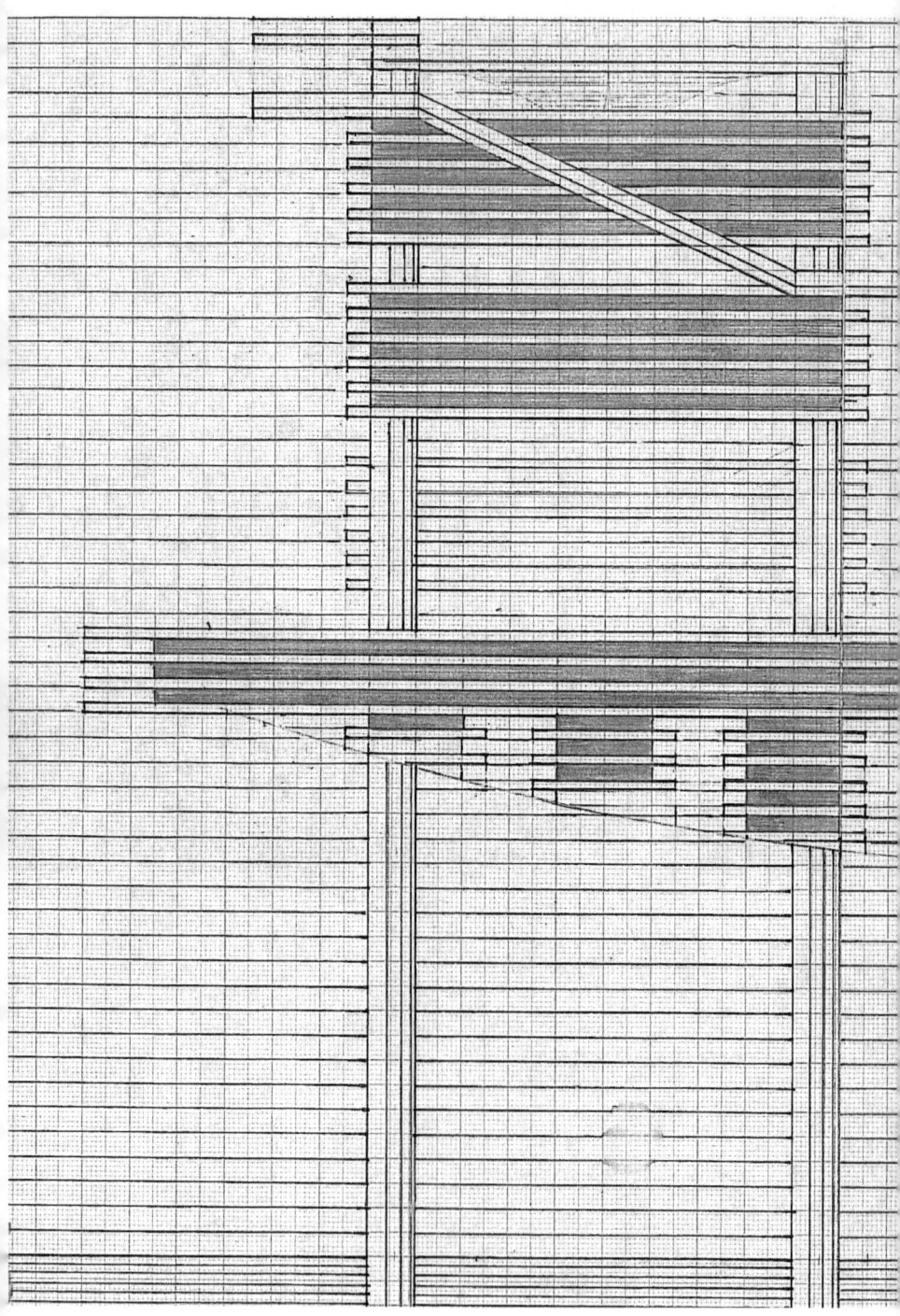

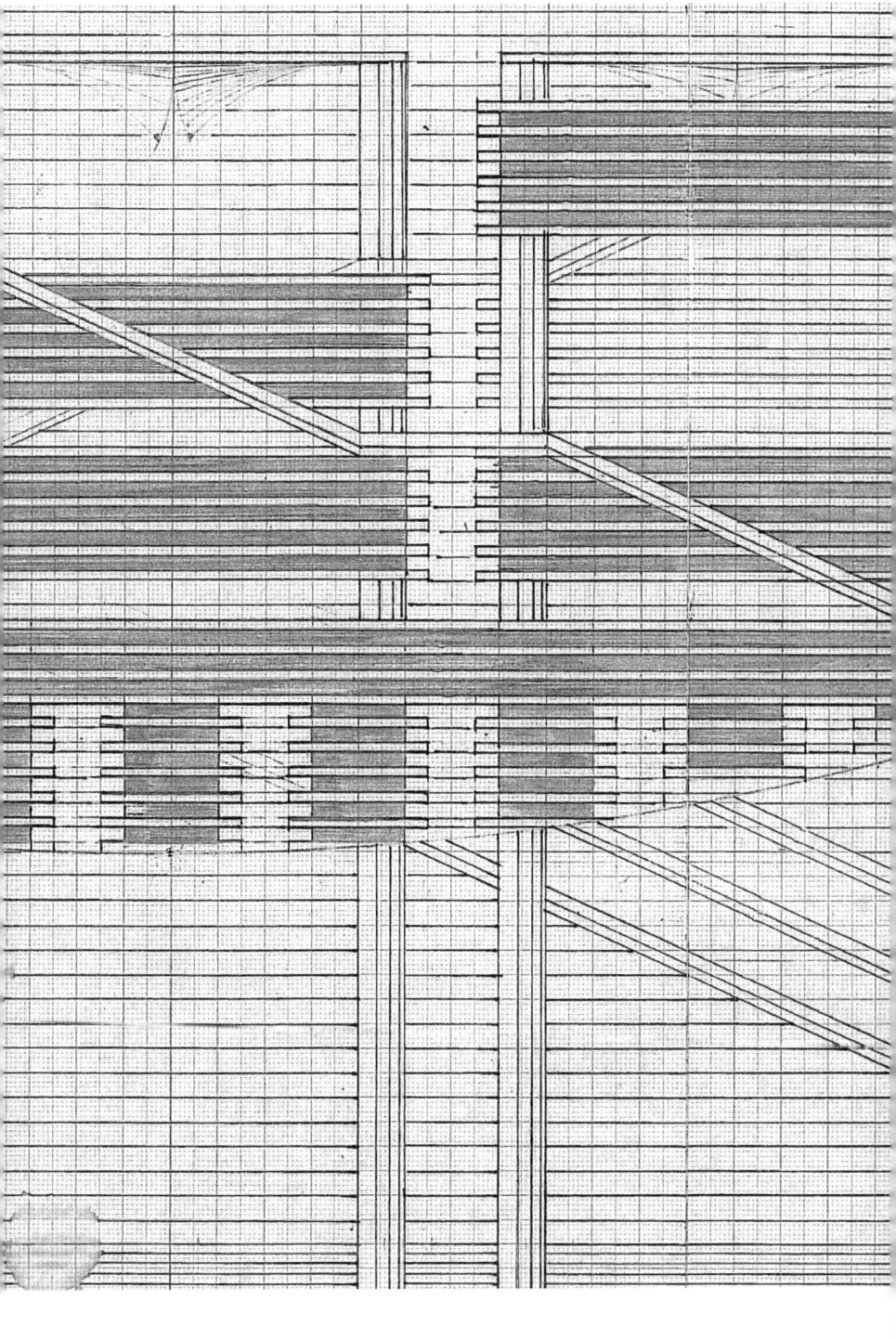

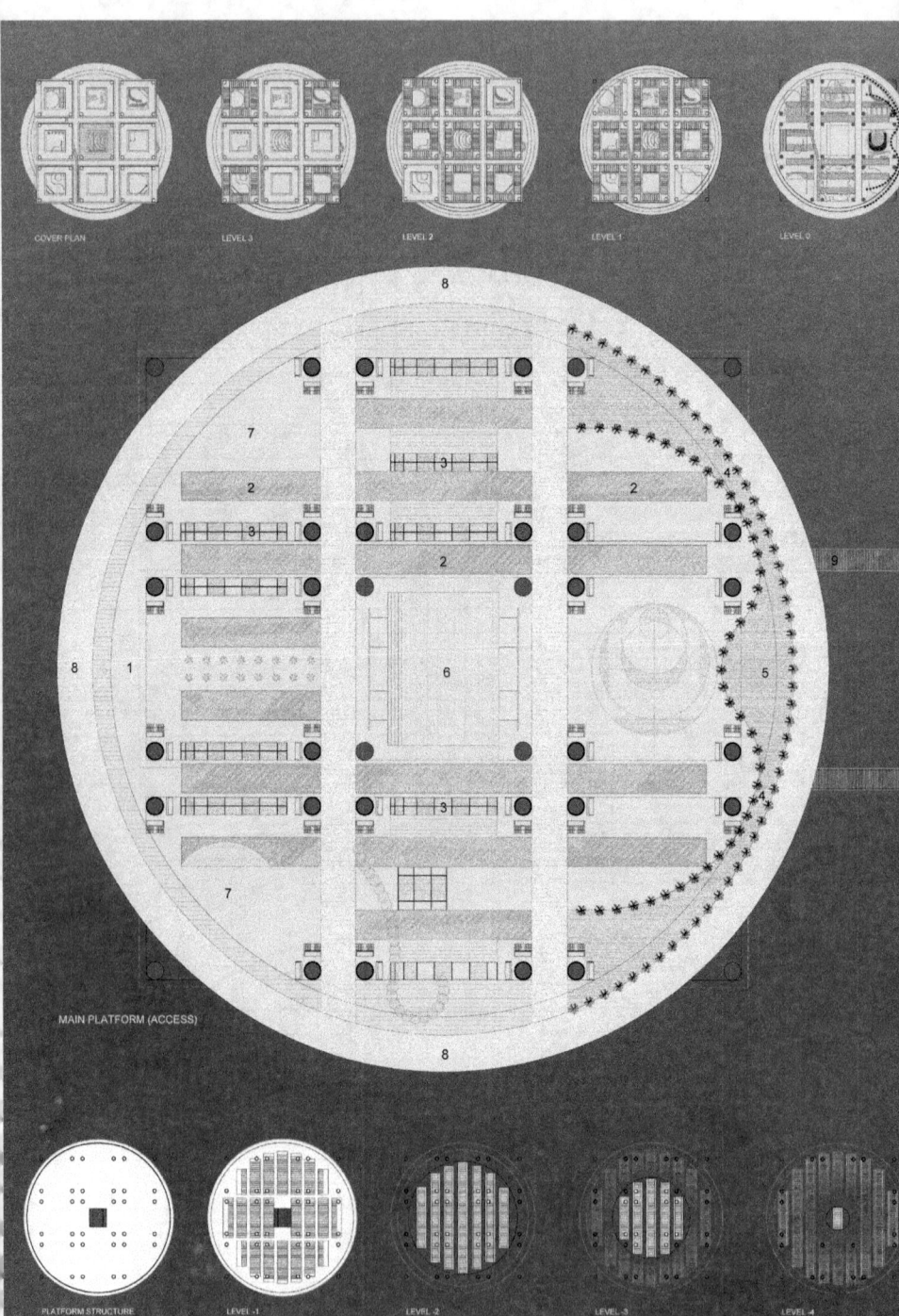

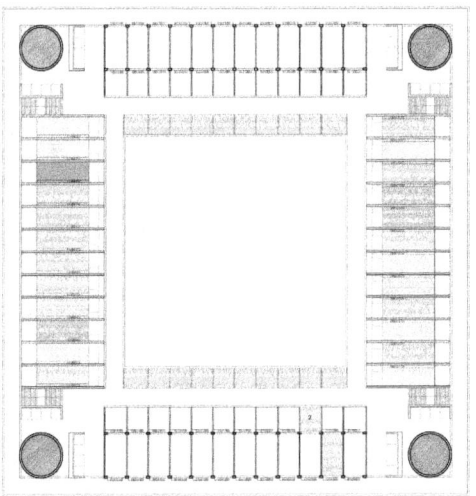

D1 - DETAIL UPPER BLOCK

1. BIG OFFICE
2. SMALL APARTMENT
3. MINI HOTEL
4. WORKSHOPS

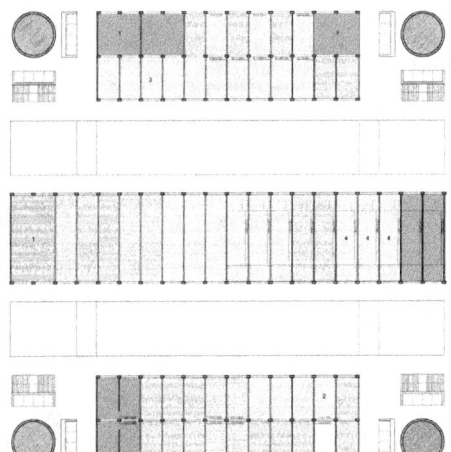

D2 - DETAIL LOWER BLOCK

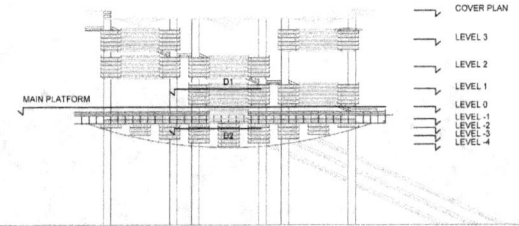

- COVER PLAN
- LEVEL 3
- LEVEL 2
- LEVEL 1
- LEVEL 0
- LEVEL -1
- LEVEL -2
- LEVEL -3
- LEVEL -4

MAIN PLATFORM

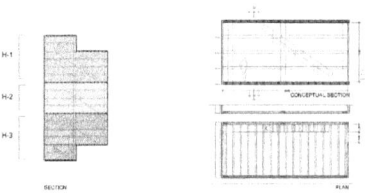

SECTION   CONCEPTUAL SECTION   PLAN

APARTMENTS - DIFFERENT TYPOLOGIES

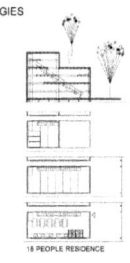

H-1

CONVENTIONAL OCCUPATION   18 PEOPLE RESIDENCE

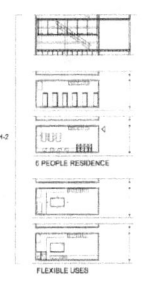

H-2

6 PEOPLE RESIDENCE   MEDIUM CONVENTIONAL OCCUPATION

FLEXIBLE USES   HIGH CONVENTIONAL OCCUPATION

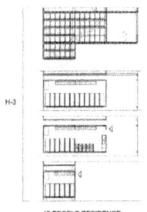
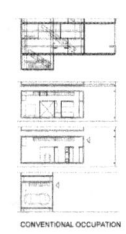

H-3

48 PEOPLE RESIDENCE   CONVENTIONAL OCCUPATION

1. - MAIN PLATFORM
2. - AREA WITH DOWNWARD VIEWS TO THE SEA
3. - COMMERCE WITH MOBILE CONTAINERS
4. - AVENUE WITH VIEWS TO THE CITY
5. - GREEN ZONES
6. - ALL-PURPOSE CENTRAL AREA
7. - PLAY GROUNDS
8. - BALCONIES WITH VIEWS TO THE SEA
9. - LOWER AND UPPER ACCESSES

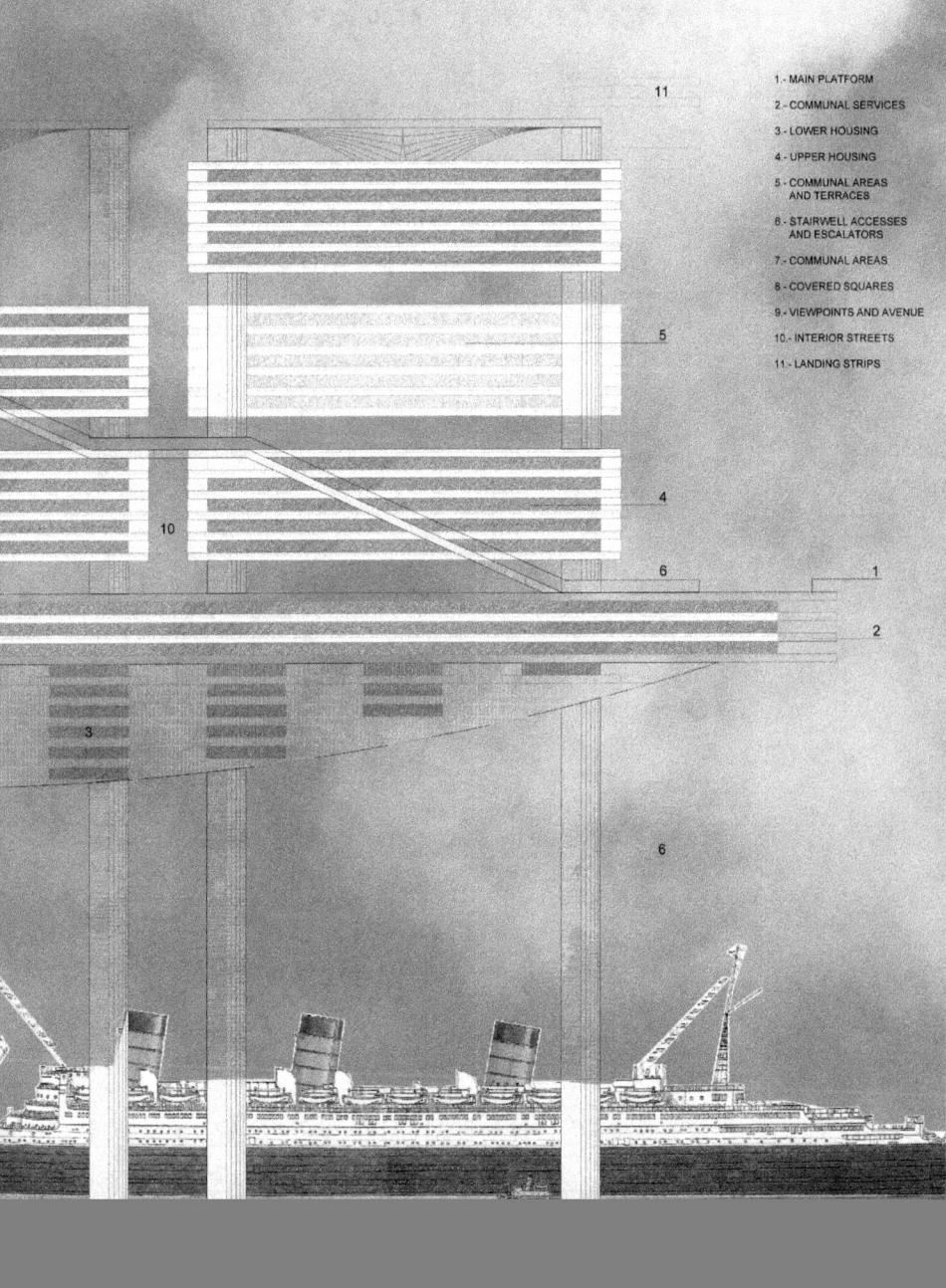

1.- MAIN PLATFORM
2.- COMMUNAL SERVICES
3.- LOWER HOUSING
4.- UPPER HOUSING
5.- COMMUNAL AREAS AND TERRACES
6.- STAIRWELL ACCESSES AND ESCALATORS
7.- COMMUNAL AREAS
8.- COVERED SQUARES
9.- VIEWPOINTS AND AVENUE
10.- INTERIOR STREETS
11.- LANDING STRIPS

MUSEU DEL MEDI AMBIENT I EL CLIMA //
MUSEO DEL MEDIO AMBIENTE Y EL CLIMA

LLEIDA, 2009

L'edifici es planteja com un núvol sobre la ciutat. El Museu del Medi Ambient i el Clima és un edifici lleuger, que "flota" sobre un dels punts més alts de la ciutat. És un edifici tot al contrari de la Seu Vella, que és pesada, contundent i permanent, però també emergeix en el punt més alt de la ciutat. L'edifici convé que sigui "visible i recognoscible des de determinats punts de la ciutat" i està pensat perquè també ho sigui des de la perifèria. El gran passeig-rampa-expositor d'accés permet "crear les condicions per establir un observatori sobre la ciutat i el seu paisatge". En alguns llocs, el nivell de la planta principal arriba a estar a uns 20 metres sobre la cota natural del terreny. La durada de l'edifici es redueix fins que acabi el cicle lògic d'utilització. És per això que tot l'edifici es pot desmuntar i traslladar. L'impacte sobre el terreny es redueix a vuit pous rodons de 3 metres de diàmetre corresponents a les bases del pilar i a la reubicació de la runa.

El edificio de plantea como una nube sobre la ciudad. El Museo del Medio Ambiente y el Clima es un edificio ligero, que "flota" sobre uno de los puntos más elevados de la ciudad. Se trata de un edificio totalmente opuesto al de la Seu Vella, que es pesado, contundente y permanente, pero también emerge en el punto más alto de la ciudad. Conviene que sea un edificio "visible y reconocible desde ciertos puntos de la ciudad", y está pensado para que también lo sea desde la periferia. El gran paseo-rampa-expositor de acceso permite "crear las condiciones para establecer un observatorio sobre la ciudad y su paisaje". En algunos puntos, el nivel de la planta principal llega a estar a unos 20 metros sobre la cota natural del terreno. La duración del edificio concluye con la finalización del ciclo lógico de su utilización. Es por ello que todo el edificio puede desmontarse y trasladarse. El impacto sobre el terreno se reduce a ocho pozos redondos de 3 metros de diámetro cada uno, correspondientes a las bases del pilar y para la reubicación del material de derribo.

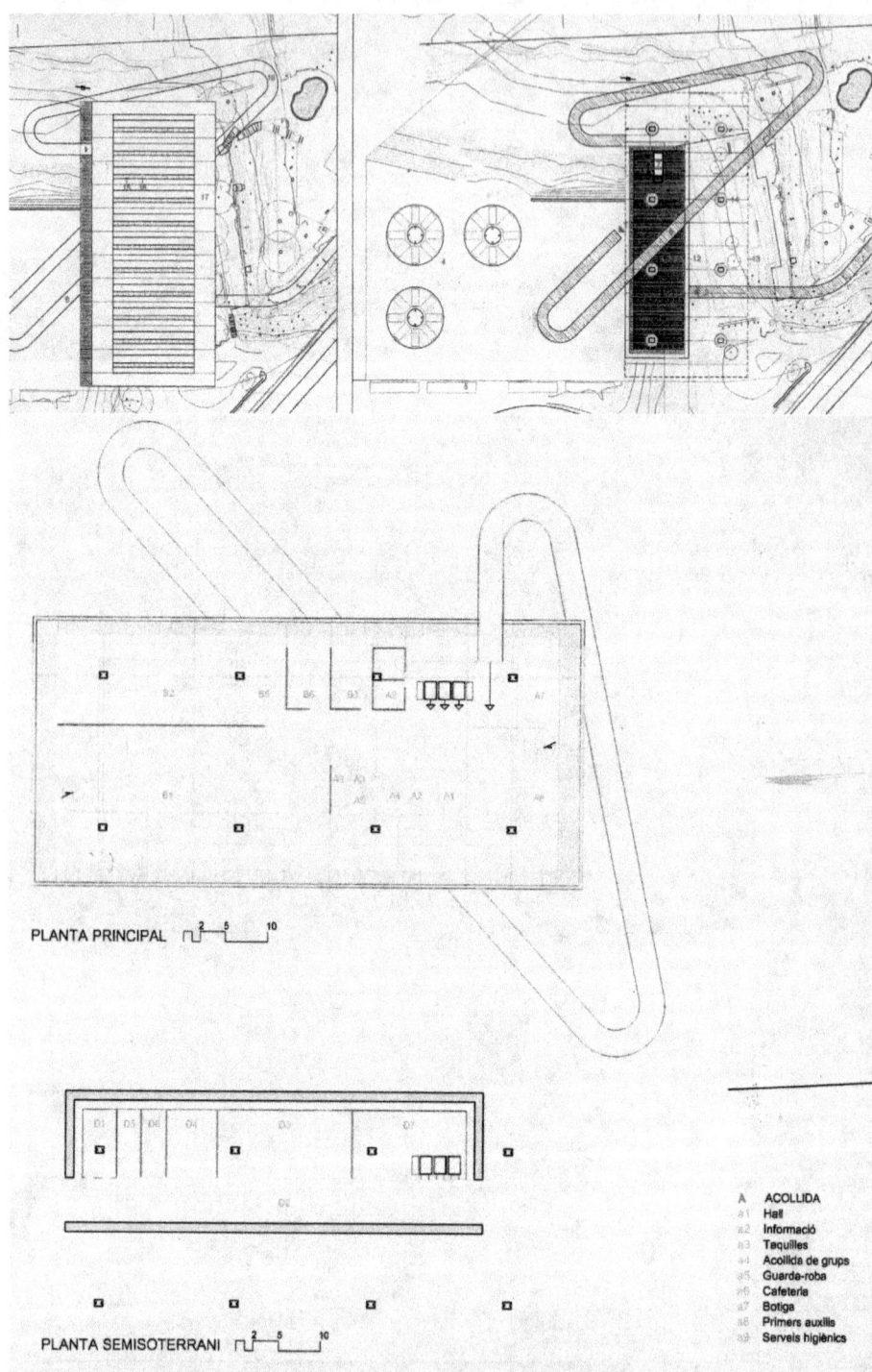

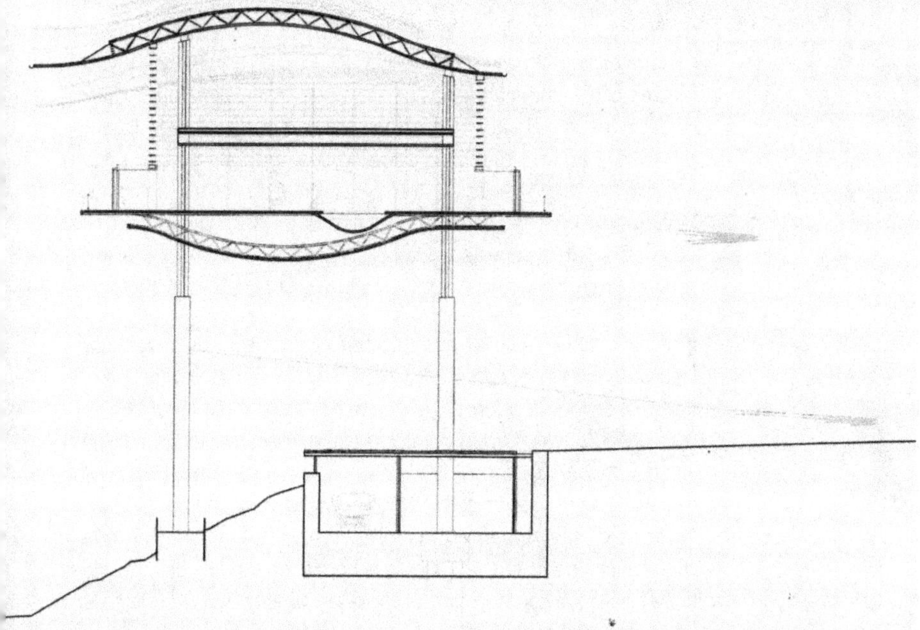

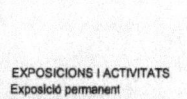

	EXPOSICIONS I ACTIVITATS	C	**COORDINACIÓ I CREACIÓ**	D	**LOGÍSTICA**	E	**APARCAMENT**
1	Exposició permanent	c1	Recepció	d1	Estació central de Seguretat	e1	Aparcament autobusos
2	Exposició temporal	c2	Direcció	d2	Àrea de càrrega i descàrrega	e2	Aparcament cotxes
3	Espai Joan Oró	c3	Gerència	d3	Magatzem general		
4	Auditori	c4	Tècnics	d4	Tallers de manteniment		
5	Espai polivalent	c5	Fundació Joan Oró	d5	Locals per personal		
6	Llegat Joan Oró	c6	Serveis comuns	d6	Tallers per a subcontractistes		
		c7	Serveis higiènics	d7	Àrees tècniques		

EMBLEMÀTICA ESTRUCTURA ELEVADA AL ZA'ABEEL PARK // *EMBLEMÁTICA ESTRUCTURA ELEVADA EN EL ZA'ABEEL PARK*

DUBAI, 2009

L'edifici és una espiral que neix al subsòl fins arribar als núvols. Tota l'estructura és giratòria i fa la sensació que l'helicoide s'introdueix al cel. La velocitat de gir prevista és d'una volta diària, però hi ha la possibilitat d'augmentar-la. És un edifici en moviment. Té posicions diferents a cada moment, de manera que les persones de la ciutat poden prendre com a referència la forma de l'edifici en una hora determinada. Una persona que conegui la ciutat pot saber quina hora és mirant i coneixent l'edifici. Es crea un núvol artificial de vapor d'aigua abans d'arribar a la part superior per tal d'accentuar la longitud de l'edifici i protegir-lo de la llum i del sol. Quan s'accedeix al recinte, es veu la torre al davant, amb 30 metres cap avall i 170 metres cap a la part superior. Es crea un microclima amb l'aire fred obtingut del subsòl, amb vegetació (control de la llum i del sol) i amb un petit llac d'aigua. Aquest ambient prepara per accedir a la torre per mitjà dels ascensors esfèrics transparents. L'accés a la part superior de la torre és un lent passeig visual per l'espai amb aquests ascensors. Cada ascensor s'eleva fent un recorregut helicoïdal que dóna una volta de 360 graus.

El edificio es una espiral que nace en el subsuelo hasta alcanzar las nubes. Toda la estructura es giratoria y da la sensación de que el helicoide se introduce en el cielo. La velocidad de giro prevista es de una rotación diaria, con la posibilidad de aumentarla. Es un edificio en movimiento. Tiene posiciones distintas para cada momento, de modo que las personas de la ciudad pueden tomar como referencia la forma del edificio en una hora determinada. Una persona que conozca la ciudad puede saber qué hora es mirando y conociendo el edificio. Se crea una nube artificial de vapor de agua antes de llegar a la parte superior para acentuar la longitud del edificio y protegerlo de la luz y del sol. Cuando se accede al recinto, se ve la torre de frente, con 30 metros hacia abajo y 170 metros hacia la parte superior. Se crea un microclima con el aire frío obtenido del subsuelo, con vegetación (control de la luz y del sol) y con un pequeño lago de agua. Este ambiente prepara para acceder a la torre mediante los ascensores esféricos transparentes. El acceso a la parte superior de la torre es un lento paseo visual por el espacio con dichos ascensores. Cada ascensor se eleva siguiendo un recorrido helicoidal que da una vuelta de 360 grados.

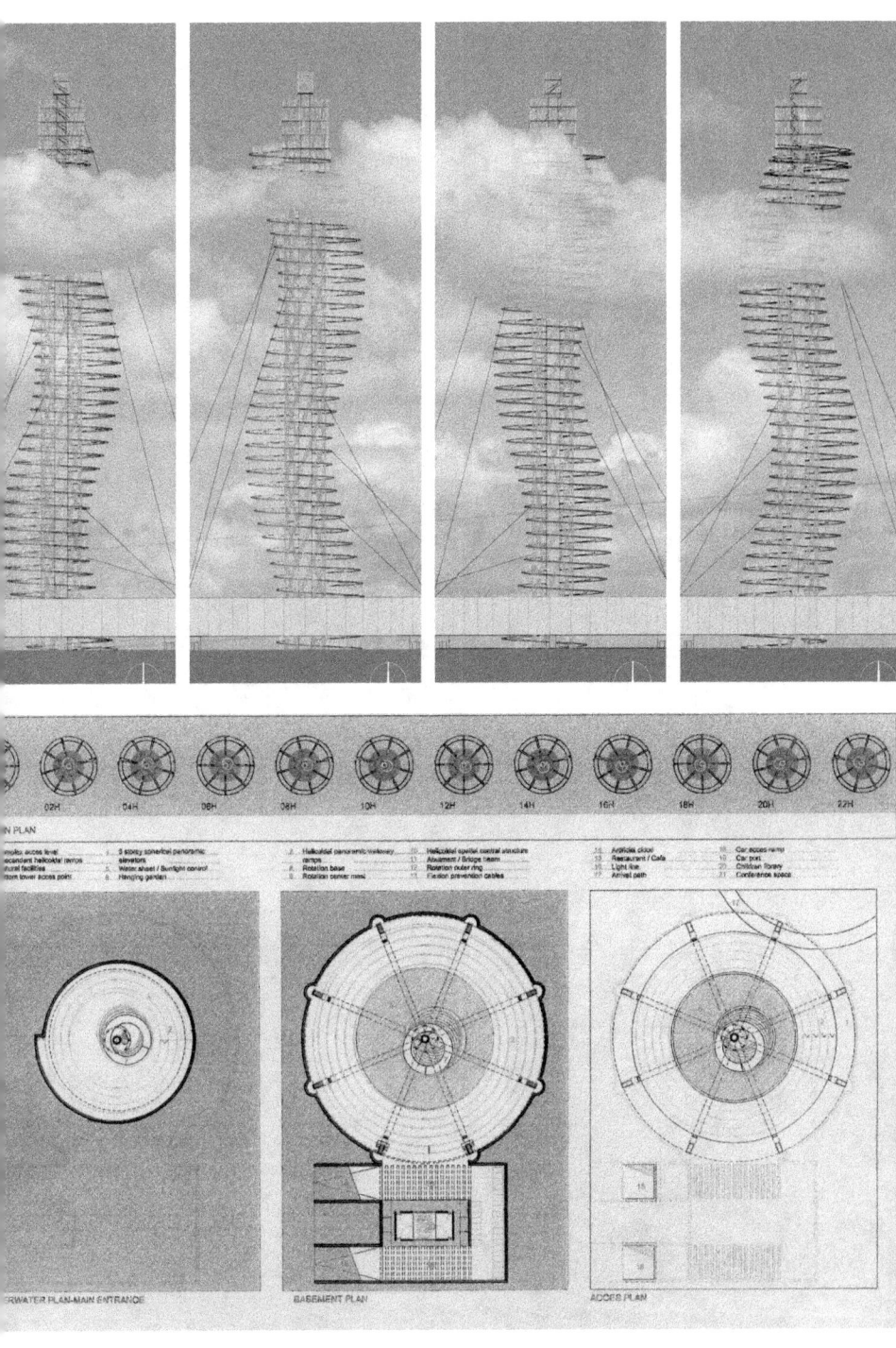

EDIFICI BENETTON // *EDIFICIO BENETTON*
TEHERAN, 2009

L'edifici per al Benetton Group és un instrument de comunicació contemporània. Els edificis més representatius del país es caracteritzen per atris amb columnes molt esveltes i espais intermedis amb il·luminació natural controlada, entre d'altres aspectes. De forma similar, l'edifici es planteja com a espai entremedi entre el carrer i l'edifici pròpiament dit. Aquest espai està obert a la part superior i protegit del sol. L'atri està incorporat al carrer i es pot tancar amb una gran cortina, que deixa un pas inferior d'altura molt reduïda per accedir a l'edifici. El control climàtic i ambiental té la màxima expressió en aquest atri, que permet disposar d'una gran superfície assolellada a l'hivern, protegir-se del sol a l'estiu, disminuir la intensitat de la llum a les hores més crítiques i humidificar tot l'espai amb núvols artificials per tal de crear un microclima adequat. Es plantegen quatre pisos d'expositors i aparadors al llarg d'un recorregut d'escales mecàniques, dels soterranis a la part superior. Aquests expositors són perfectament visibles en tota l'altura des del carrer. A la part superior d'aquest gran espai, se situa una terrassa-bar que disposa de vistes a l'atri i al carrer comercial.

El edificio para el Benetton Group es un instrumento de comunicación contemporánea. Los edificios más representativos del país se caracterizan por atrios con columnas muy esbeltas y espacios intermedios con iluminación natural controlada, entre otros aspectos. De forma similar, el edificio se plantea como un espacio intermedio entre la calle y el edificio propiamente dicho. Este espacio está abierto en su parte superior y protegido del sol. El atrio está incorporado a la calle y se puede cerrar con una gran cortina, dejando un paso inferior, de altura muy reducida, para acceder al edificio. El control climático y ambiental tiene su máxima expresión en este atrio, que permite disponer de una gran superficie soleada en invierno, protegerse del sol en verano, disminuir la intensidad de la luz en las horas más críticas y humedecer todo el espacio con nubes artificiales para crear un microclima adecuado. Se plantean cuatro pisos de expositores y escaparates a lo largo de un recorrido con escaleras mecánicas, de los sótanos a la parte superior. Estos expositores son perfectamente visibles en toda su altura desde la calle. En la parte superior de este gran espacio, se sitúa una terraza-bar que dispone de vistas al atrio y a la calle comercial.

Cortina corredora de malla inoxidable per a la protecció solar // *Cortina corredera de malla inoxidable para la protección solar.*

Espai intermedi entre l'edifici i la cortina de protecció solar // *Espacio intermedio entre el edificio y la cortina de protección solar.*

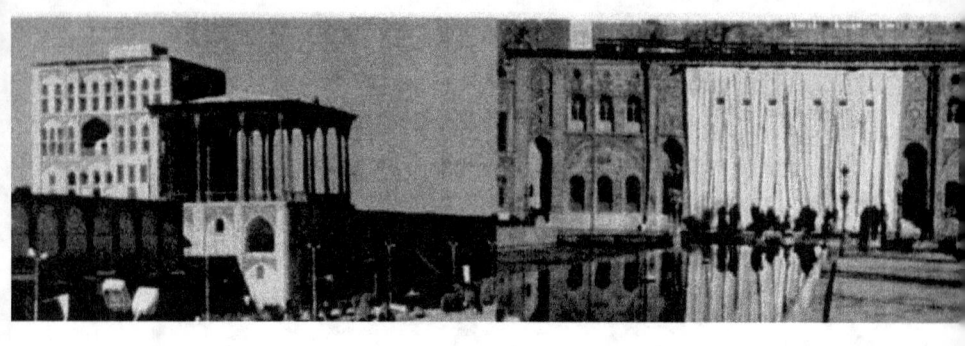

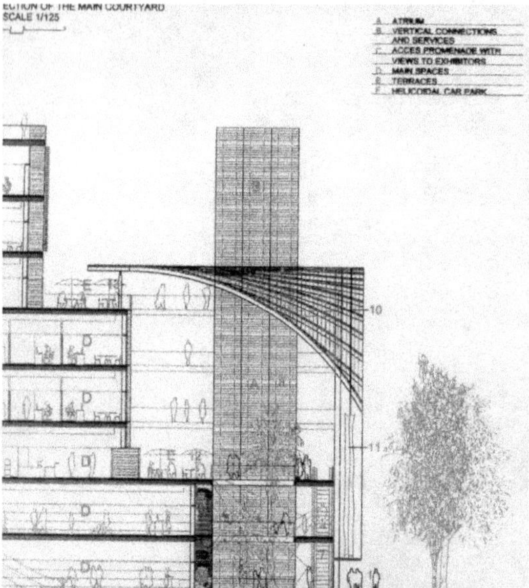
ECTION OF THE MAIN COURTYARD
SCALE 1/125
A. ATRIUM
B. VERTICAL CONNECTIONS AND SERVICES
C. ACCES PROMENADE WITH VIEWS TO EXHIBITORS
D. MAIN SPACES
E. TERRACES
F. HELICOIDAL CAR PARK
10
11
main access
car park access

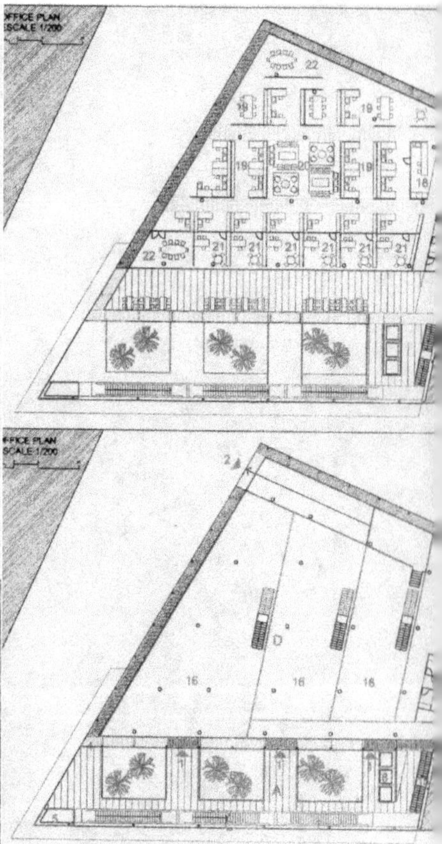
OFFICE PLAN
SCALE 1/200
OFFICE PLAN
SCALE 1/200

Edificis d'interès històric de Teheran i Isfahan. S'hi pot observar la gran escala dels pòrtics i la forma de protecció del sol mitjançant les cortines // *Edificios de interés histórico de Teherán e Isfahán. Se puede observar la gran escala de los pórticos y la forma de protección del sol mediante las cortinas.*

Esquerra: secció perpendicular al carrer i plantes. Dreta: secció longitudinal // *Izquierda: sección perpendicular a la calle y plantas. Derecha: sección longitudinal.*

ESTACIONS DE METRO DE LA L9 //
ESTACIONES DE METRO DE LA L9

BARCELONA I BADALONA, 2009

Les estacions de gran fondària poden presentar, en alguns casos problemes de vertigen i claustrofòbia. Convé crear algun tipus d'atractiu especial per a aquests espais singulars, sense llum artificial. L'andana és un espai que està a molta fondària i relativament petit. La il·luminació es planteja que surti del sostre i les parets per fer que l'espai sigui transpirable. Una xapa perforada separada del sostre i parets amb llums al darrera dóna lloc a que l'espai tingui més amplitud perceptiva. La partició de l'andana amb portes divisòries de vidre fa que quedi un espai fosc al costat de la via. El tractament amb una pantalla lluminosa amb leds de 100 metres en aquesta zona pot ser un element atractiu. Les vistes de l'andana cap a aquesta zona eviten veure'n la part fosca on hi ha el traçat de tubs i instal·lacions, que moltes vegades es troben plens de pols i descuidats. La pantalla de leds de diferents colors està sintonitzada amb les entrades i les sortides de trens. Es proposa que artistes intervinguin a cada estació manipulant les diferents composicions de color així com les possibles formes que aquesta tecnologia permeti.

Las estaciones muy profundas pueden presentar, en algunos casos, problemas de vértigo y de claustrofobia. Es conveniente crear algún tipo de atractivo especial para estos espacios singulares, sin luz artificial. El andén es un espacio que está a mucha profundidad y relativamente pequeño. La iluminación se plantea que salga del techo y de las paredes para que el espacio sea transpirable. Una chapa perforada separada del techo y de las paredes con luz detrás da lugar a un espacio que tiene más amplitud perceptiva. La partición del andén con puertas divisorias de cristal origina un espacio oscuro junto a la vía. El tratamiento de esta zona con una pantalla luminosa con leds de 100 metros puede resultar un elemento atractivo. Las vistas del andén hacia esta zona evitan ver la parte oscura donde se halla el trazado de tubos e instalaciones, que con frecuencia están recubiertos de polvo y un tanto descuidados. La pantalla de leds de distintos colores está sintonizada con las entradas y salidas de los trenes. Se propone que artistas intervengan en cada estación manipulando las diferentes composiciones de color así como las posibles formas que esta tecnología permite.

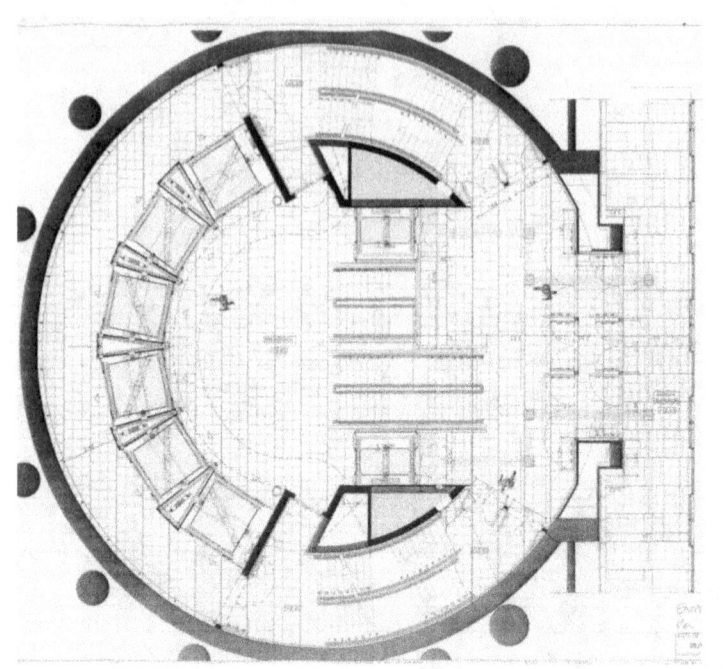

ARQUITECTURA I MOVIMENT 162

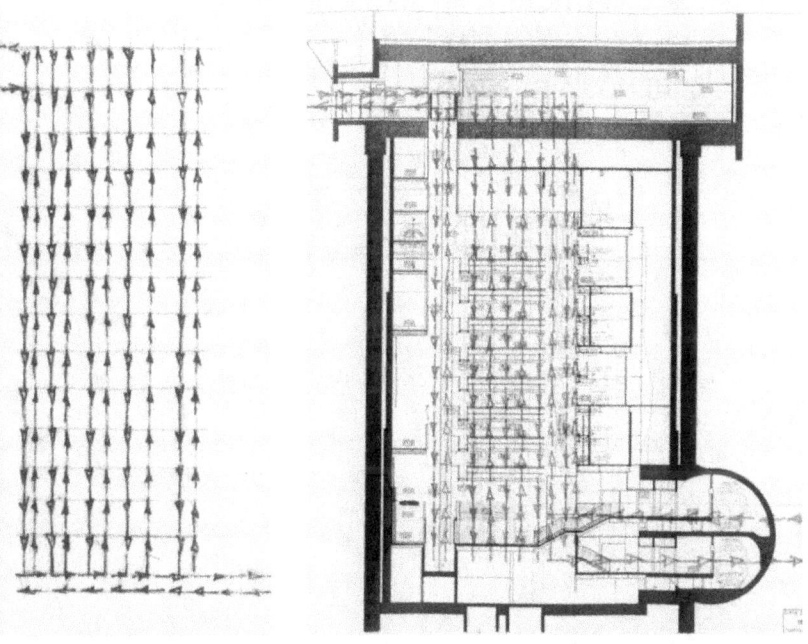

ZOO VERTICAL A PUERTO MADERO // *ZOO VERTICAL EN PUERTO MADERO*

BUENOS AIRES, 2009

Es disposen fragments de natura a l'espai, ordenats en forma helicoïdal. Un recorregut telefèric ascendent permet veure tots els animals com si estiguessin en llibertat. El passeig de descens ha de permetre observar els animals amb deteniment. Les persones són dins la gàbia helicoïdal, la qual, al seu torn, és dins de l'aviari.

Se disponen fragmentos de naturaleza en el espacio, ordenados en forma helicoidal. Un recorrido teleférico ascendente permite ver todos los animales como si estuvieran en libertad. El paseo de descenso está previsto para poder observar los animales detenidamente. Las personas se hallan dentro de la jaula helicoidal, la cual, a su vez, está dentro del aviario.

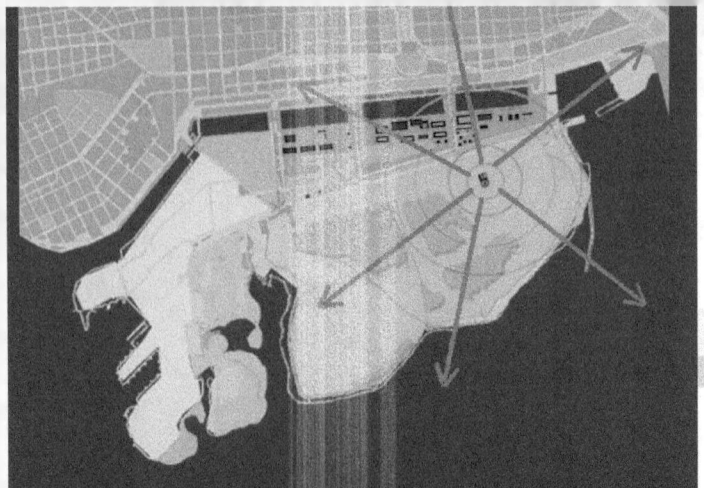

INTERACTIVE RELATIONSHIP BETWEEN ANIMALS AND HUMANS

SECTION

- OBSERVATION DECK 360°
- SQUIRREL MONKEY / RING-TAILED LEMUR
- MEERKAT / ARMADILLO
- VIZCACHA / GOLDEN LION TAMARIN
- RED PANDA / TWO-TOED SLOTH
- ALDABRA TORTOISE / CHAMELEON
- SOUTH AMERICAN TAPIR
- HYENA / LEOPARD
- KOALA / ORANGUTAN
- BENGAL TIGER
- AVIARY
- ANTEATER
- PANDA
- LION
- CROCODILE
- ENTRY / SERVICES & AMENITIES

102 M

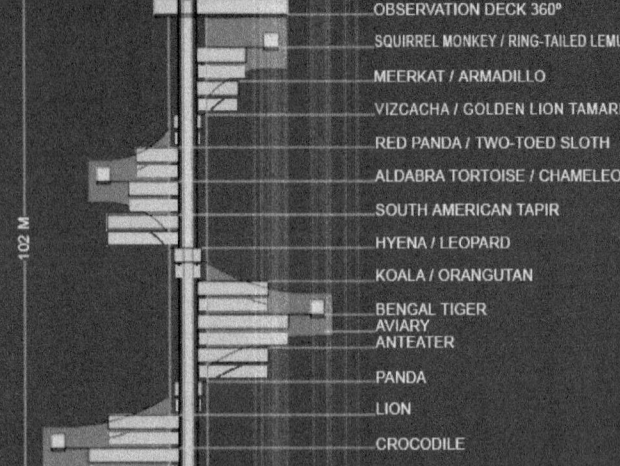

BASEMENT FLOOR

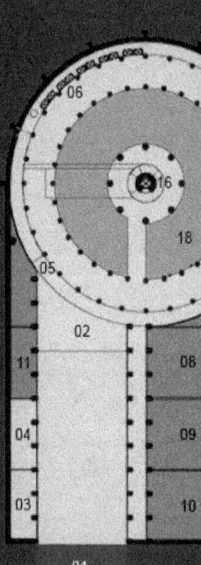

PUBLIC SPACES — SERVICES & AMENITIES

TYPE FLOOR PLAN

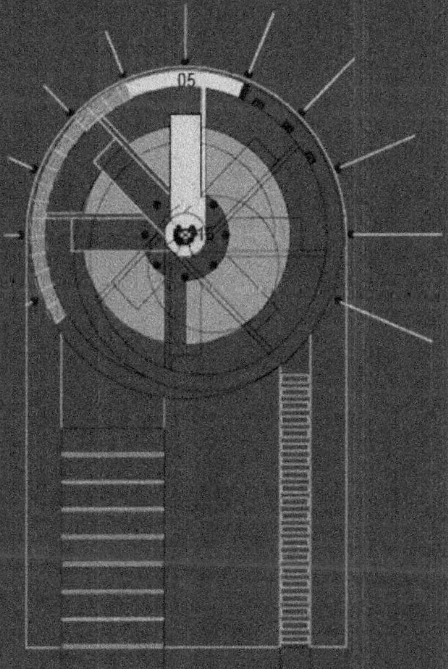

OBSERVATORY DECK PLAN

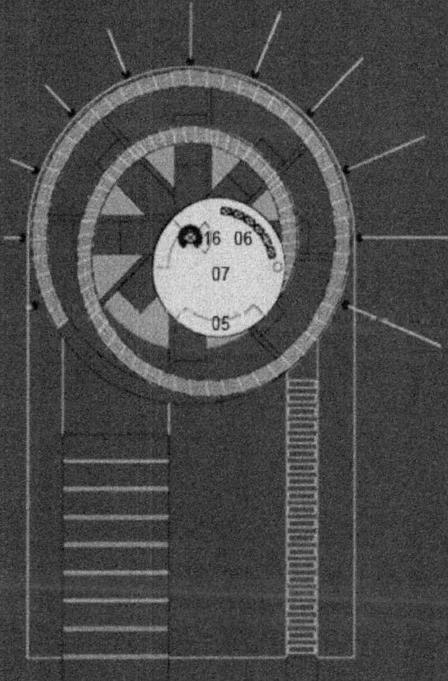

STAFF SPACES

ANIMAL SPACES

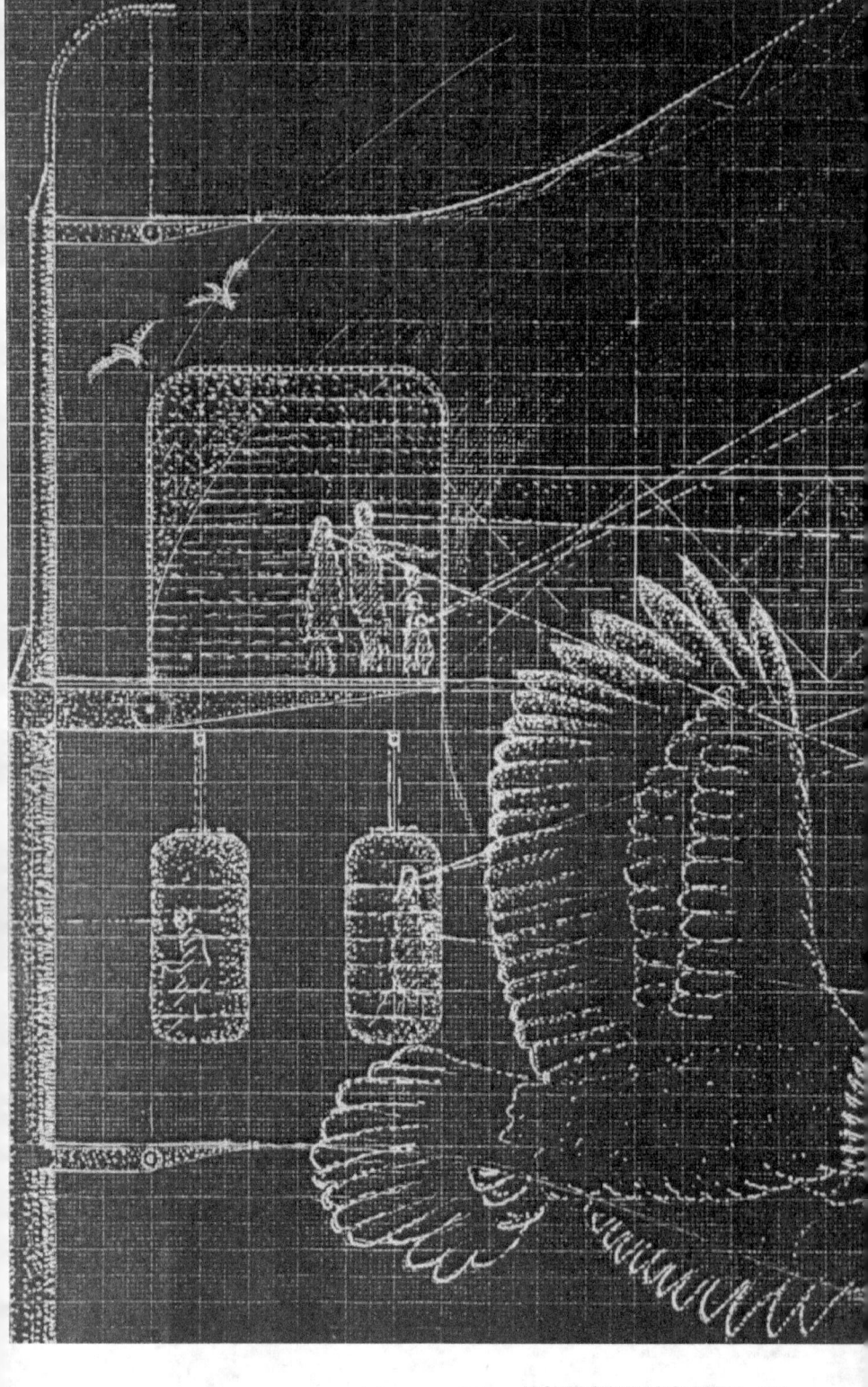

VERSIÓ ANGLESA //
ENGLISH VERSION

PROLOGUE

The Architecture of Movement Club is a very singular club. As its own name indicates, it is formed of architects who develop investigations related to architecture and movement. Each year they meet in a different place, discuss their proposals, and remember past adventures and assess the work of the candidates to enter such an exclusive group.

The difference of characters between its members means that each encounter gives place to passionate debates. Some years ago they met at an event especially memorable for the discussion that took place. As in each of their meetings, they were searching for their new headquarters, a situation the members used to visit architects and their works, related to the theme they had in common.

The session I want to explain took place in Barcelona. The members of the club had heard of an architect who had designed some mobile chairs and they decided to go and visit him at his house in Badalona. Once at the house, after a brief tour around the place and having spoken with their host, they decided that their meeting should take place immediately in the garden, to discuss urgent matters. For this they occupied a totally translucent polycarbonate construction which they found in place.

The shape of the meeting followed the usual ritual. That year the rotational president of the group –as there were little things which weren't dynamic in the Club- was Louis I. Kahn, whose prestige as an architect of movement was based on his well-known schemes for Philadelphia's traffic flow, a project which had allowed him a membership for life. Despite his fame as a rigid character, with a rough treatment of people, Kahn was a good organizer. So after dividing the place into served and serving spaces, he went on to the principal tasks on his mind, seating all the members of the club in their prescribed order and establishing their agenda for the meeting.

The first peculiarity of the meeting was that, due to the chairs provided by their host, the order of the members in the club was not the usual. With their unusual design, the chairs fascinated every one of the members. They consisted of strange contraptions which, apart from seating, allowed them to move around the room without standing up. So the president Kahn considered the order to be totally irrelevant and then continued with a quick greeting, followed directly by the agenda of the day: "Dear members of the Architecture of Movement Club, this year we find ourselves in a very peculiar situation. Not only have we not followed our usual order in seating -because of our host's mobile chairs-, but the agenda planned for last year is now totally irrelevant before the work surrounding us. I propose that we lose no more time on discussing the pending points and directly passing on to debating a matter I find of greater importance: the admission as a member for life of our host candidate Alfons Soldevila". The members of the group looked at each other and, impressed by the capacity to react and flexibility their rigid rotational president had shown, they passed the motion with an unmistakably affirmative murmur. In this manner the process of admission of the candidate was started, which required each member of the group to identify the author's projects relevant to the club.

The president passed the floor to the representatives of the first vanguards, the Russian constructivists, who mentioned the high-speed train and the Barcelona line 9 metro stations as projects worth noting. The constant reference to the speed of the machines inside the stations was agreeable to the rest of the associate members, who applauded the economy in resources, which maximized the dynamic effects of both projects.

Immediately, the expressionist spokesperson took the floor. Seated next to the constructivists and somewhat forcefully making space for herself between both groups was the invited architect Zaha Hadid. The romantic spokesperson showed enthusiasm and noted the remarkable project of the Paris Olympic Games landmark, the project for BCN Skyline and the vertical zoo in Puerto Madero in Buenos Aires. The heroic and pictorial relationship of all these projects with the landscape had undoubtedly seduced the romantics. Here, without falling into pompous metaphors and sophistications, each project creates a direct relationship with the landscape without totally reconstructing it.

Almost without waiting for the others to finish, the non-orthodox modern architects started to speak all at the same time. As in each meeting, this noisy and vital group didn't manage to speak with a single voice. Here the members of Archigram, Charles and Ray Eames, Superstudio and the Japanese metabolists wasted their enthusiasm. When at last something of what they said was understandable, their preference for projects like the moveable chairs, the moveable houses, moveable containers and caterpillar houses was clear. Naturally, their reasons differed, but coincided in stressing the ingenious introduction of the machine and the fascination for the mechanism as an architectural matter at all scales. On the other hand, they also mentioned the careful relationship with the user and the confidence in the manipulation of the designed machine. Charles Eames noted the humour and unleashed inventiveness, as it was always him who managed to put some common sense into the group.

The next to speak was Richard Buckminster Fuller, the only member of the group with knowledge of Alfons Soldevila's work before arriving in Barcelona. With no difficulty he identified the projects more to his liking: the mobile hectare, the carpet-mosque, the instant cathedral, the instant camping tent, the dome with different diameters and positions in space and the emergency school. The capacity to integrate engineering strategies and logistics on a territorial scale in architectural projects combines with a high sensitivity towards far-away cultures and extreme situations. At that point of the meeting, the members were more than convinced of the appropriateness of the inclusion of Alfons Soldevila in the club, something Bucky Fuller noted, and he took the opportunity to extend his speech on the dome a little further. However, Kahn stopped him with a polite but firm gesture, and gave the floor to the next spokesperson.

The representative of the modern movement was the next to speak, who should have been Le Corbusier, but as he was always occupied, he had sent one of his cousins to represent him. He referred in a somewhat bureaucratic manner to the solar cylinders and the Kansai library as projects worthy of admiration. All the members of the club recognized and applauded their valour, even if they criticized the poor presentation of the modern architects' representative, who excused himself by saying that his function in the meeting was to centre attention on the projects themselves, which he had accomplished, and the form in which he did it was secondary. This caused laughter from the whole group, as he had repeated this old story of function and form so many times no one really believed it any more.

By proximity to the modern movement, it was the turn of the high tech group. Their selection was clear and, using a PowerPoint presentation, they exposed some images which merged into each other in a sophisticated way. As was expected, they chose the sports centre with a mobile roof, the translucent house –a fragment of which they were using as shelter for the meeting-, and the covering of Sant Andreu de la Barca, a foreseeable selection, as tended to occur in this group. As their spokesperson explained, these projects set their confidence on the lightness of their elements and the technology which built and controlled them to create special effects of a high definition.

The president then gave way to the representative of the situationists: after two or three calls without response, the floor was given to the next group. As was usual for their representative, Constant had not yet returned from his tour around the city. This problem repeated itself once more, even if his compromise with architecture of movement could not be denied, so they had not yet taken disciplinary action against him.

In last place was the digital group, which was subdivided into two groups: those who defended interactive projects and those in favour of animated architecture. Both groups made a joint speech, appreciating the pre-digital functionality of Alfons Soldavila's work, because of his logic and systems based on repetition. The defendants of interactive architecture mentioned the lamp in constant movement, the pergola which follows the movement of the sun and the houses with mobile living rooms, in which they stressed that the dynamic reaction does not follow a functionalist optimization but a vital intensity. The others explained in an enthusiastic manner the project for the pergola adaptable to the tree's size, the rotating houses due to wind force, the rotational houses and the Ferris wheel houses.

As soon as they were finished with the last project, the club solemnly stood up and welcomed their new member Alfons Soldevila unanimously. Never had a similar situation occurred:

an architect with the right to be placed in any of the composing club groups. In a discreet, polite and sincere manner, Alfons Soldevila thanked their homage enormously, but decided to decline the invitation. In some way he felt that the Architecture of Movement Club classified his work too rigidly, too static in his opinion. He felt that he should also have to be a member of the Architecture Teachers Club, the Inventor's Club, the Club for Material Engineers, the Club for Compulsive Travellers, the Born Investigator's Club...

Lluís Ortega

INTRODUCTION

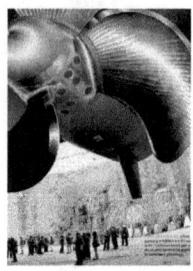

Throughout the history of architecture, construction materials have varied in quality and resistance. Their weight has been fundamental in this evolution. Working with light and tough materials has allowed the evolution of constructive systems and architecture as a whole —working with very heavy materials would have limited the height. A building too heavy and tall could fall under its own weight. Working with tough and lighter materials has permitted using smaller sections and designing taller and more slender buildings. It would be interesting to compare the weight of some constructions, might they be traditional or unconventional. The weight of a camping tent can be up to a kilo by square meter. The weight of a "roulotte" is of some 25 kilos by square meter. A train carriage like that of a "Talgo" with dorms and bathrooms weighs about 250 kilos by square meter. The weight of a modern and emblematic 20th century building like Le Corbusier's Villa Savoye weighs an average 1,000 kilos by square meter. This leads to think that there can now be much lighter houses than those considered as modern in the 20th century. It can also be seen that there have been buildings ahead of their time: Charles Eames' house and the Dimaxion by Buckminster Fuller.

If we analyze the footprint of buildings throughout history following Eduardo Sacriste's book "*La huella de los edificios*", we see the evolution in volume and weight. An Egyptian temple like the one in Luxor has pillars of 4 meters in diameter, walls more than 1.50 meter wide and the columns are 2 meters wide. If we analyze the footprint of Greek temples, we see the walls of the Parthenon are of 0.80 meters and columns are 1 meter in diameter. The footprint of Mies van der Rohe's buildings, such as the University of Chicago, practically disappears; it is just 10 cm wide. This way we see how the footprint of buildings successively decreases in history. Comparing the floor plans of historic buildings can help understand the volume and weight of important and representative buildings. For exemple, compare the floor plan of St. Peter's in Rome with that of the church of Ronchamp by Le Corbusier or compare St. Peter's in Rome with the floor plan of the Güell Colony by Gaudi. The footprint is proportional to the dimension; however we could compare it to the inner space proportions. These figures could be compared to the same spaces were they built with today's materials. The proportion would be similar to that of Mies van der Rohe's buildings in relation to the three earlier named. The conclusion is that quality and resistance of materials have increased while their weight has lowered.

If a building is light and relatively small, it is possible to move it. If the floor structure or framework of a building weighs little, it can be moved both horizontally and vertically. If a façade is very light, it can be moved or removed for a certain period of time. A building with these characteristics will have some flexibility at the moment of its location. It will also be flexible when compartmentalizing the inner space. All of this can result in a less-fixed architecture. It can lead to architecture in movement. This allows great constructions such as a transatlantic or an oil tanker to move horizontally. Great constructions like the oil rigs can also be moved vertically and horizontally. Constructions of a great surface can turn. Great aeronautical constructions can fly. This can bring a substantial change in the quality of architecture.

A MOBILE HECTARE

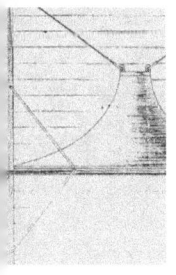

A minimal structure of 4 by 4 meters can be remarkably light. If wheels are fitted on each side it can be moved very easily. There is drainage on each corner of the structure. Fitting two units together allows a longitudinal drainage in two directions. A group of two or more units together can be very rigid and they can be joined at the lower part, at mid-height or at the top. A surface of 100 by 100 meters could be achieved. The whole structure has very little friction with the ground, so it would be easy to move. The weight of the construction can be less than 15 kilos by square meter. The drawing shows a tractor pulling it, but cables and auxiliary mechanisms would be necessary between them. The place would have to be similar to an airport runway. The covered mobile space would require some very special conditions regarding situation. The interior space would have a great number of columns, about 1600 (three times more than the mosque in Cordoba). Illumination coming from the roof and the wide vision would result in an extraordinary and singular space.

INSTANT CATHEDRAL

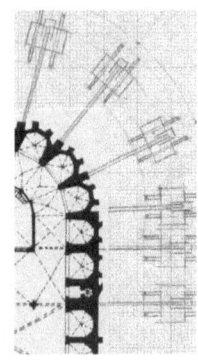

To see the inside of a cathedral sometimes a whole century has been necessary. A space of a similar size but a different quality could be achieved in a much faster way. In the year 1970, at the music festival "Canet Rock", curtains of a considerable size were lifted by two cranes almost instantly. With a crane at each buttress of a cathedral like that of Girona, the whole space could be closed up, creating a space with the cathedral's volume. The fabric (preferably translucent) would be hung from the apparently horizontal cables. They would be anchored at the border with elastics to absorb the deformations caused by the wind (as it was done at the music festival). The cables would be connected to other cables, hanging from the end of the crane lever. Wind would be the major enemy of the construction, anemometers (instrument to measure wind speed) would be necessary to control it. From the great translucent inner space, it would be possible to see the shades and the order of the exterior buttresses.

ROOF WITH HUMAN ANCHORAGE

Finding a high point in an open space is relatively easy. A big crane could be this point. The crane can vary its height and can move smoothly. Anchorage is more difficult to obtain. Holes have to be made in the ground, not knowing what installations can be under it, or dead weight has to be brought to stabilize the structure. The people who attend an act with an appropriate harness can act as anchors. It is necessary to establish the characteristics of each anchor (weight and number of people by anchor point). All of this will depend on the size of the roof and the wind strain. The size of the roof can also be adapted according to the people available for a specific act. A collective act in an exterior space could be programmed with these conditions.

COLLECTIVE ROOF FOR A GROUP OF PEOPLE

To protect a group of people from the rain and be able to move at the same time it is necessary to have the highest points at the centre and the lowest at the edges. A person on stilts is much taller than any other person. This person can be at the centre and the people shorter than him around him. The holes where the heads come through must be protected with a high collar to stop the water running down from entering. The person has to be protected with a large hat to avoid him/her getting wet and water going inside the space under the roof. The roof dimensions depend on the number of people. The whole roof can be moved according to the speed decided by the group of people.

AN INSTANT CITY BUILT FROM THE AIR

Emergency settlements are necessary in case of earthquakes, hurricanes, fires, etc. When a catastrophe of this sort occurs, all the surroundings are altered. Communication lines are affected, bridges fall, etc. Building a city from the air can be very practical and efficient. Air transport allows the problem to be solved. The free-fall time of the construction can be very useful. The weight of the first aid, of the housing and complementary weight is the only energy needed for the fall to be useful in the construction of the building. A very elementary pre-tensed structure opens out when let free and turns into a parachute. [Cf. the instant pitching of the camping tent (objects: d)]. Analyzing wind speed and its direction, the direction of streets can be decided, and then the dropping of the structures can commence. The lineup of the constructions can be apparently straight. The width of the streets depends on the turning radius of airplanes. Equipment of different shapes and sizes will be situated equidistant from the housing.

MOBILE ROOF FOR A SPORTS CENTER

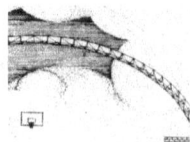

The roof of a sports centre is very efficient at the moment of an event. The rest of the day and at night-time it is practically useless. Sharing a roof with three or four courts can be useful at a certain moment and for a certain court. The roof can be moved in a very simple way, with rails covering the court in question. The courts which are not covered receive sunlight and can then be covered with grass. By distributing sunlight during the whole day all courts can have grass. In the case of rain, a court in which twenty-two people are playing will have a greater priority than one in which only two people are playing. The court with the most spectators can also have priority. The fabric from the roof can be removed and so only the arches remain.

LAMP IN CONSTANT MOVEMENT

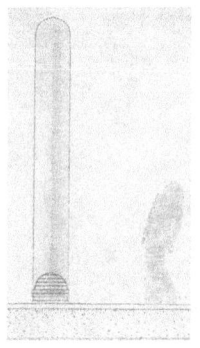

A lamp which is turned on should not necessarily have the same shape as when it is turned off. A lamp which is lit is more dynamic than one unlit. A candle shortens as it burns, and the flame is in constant movement. It is a dynamic light. Light from a conventional lamp is static. When the light bulb is turned on, the fan turns on automatically and the column inflates and is lit. The inertia from the turning fan makes the lamp constantly move due to the wheels on its base. When the lamp is on its own in a certain area and bumps against the border, it can bounce off it and if the perimeter is elastic, movements can be unpredictable. When the lamps are distributed in a linear way along an avenue they have a relative movement, which gives a great mobility to the space. When turned off, the lamp adopts different shapes which can be interpreted as sculptures of a limited duration, remaining until it is turned on again.

CRAWLING CHAIR

The movement of a chair is usually due to wheels. A seesaw has no wheels but permits rocking movements. The human body can move in different ways when it is separated from the ground, and can in consequence adopt different positions towards its surroundings. Moving back and forth with one's body while slightly elevating its support allows to move from the spot. Ladders in Catalan construction marquees, which were used to work at a height of 4 meters, would permit moving up to 100 meters lengthwise without touching the ground. The design of these ladders was based on having one side shorter than the other, and the person using it would press on it to cause a rocking movement and so move forward. The principle of the movement is the same even if the position is totally different. The person using the chair can manipulate it depending on the extent of his ability.

CHAIR WHICH OCCUPIES DIFFERENT POSITIONS IN A SPACE

The structure of the chair is hung from a certain point. Moving this point vertically is relatively easy. It can be done using a system of ropes and pulleys or with a very elementary hoist. To have a fixed position in the space, two fixed points are needed on the ceiling, with two ropes hanging down from them. These two auxiliary points control the horizontal position. Distributing a grid of hanging points across space, from where chairs hang, we will obtain a fully occupied plane. Manipulating the height of each chair depending on the user's preferences we obtain a fully occupied volume. Another possibility is setting the hanging points on a klein rail. A whole volume of space with horizontal movements and at different heights will be achieved.

INSTANTLY PITCHED CAMPING TENT

For a structure builds itself automatically it must have stored energy. When the structure is folded up, it must be in tension to be able to build instantly. The vertical girder contains elastic bands previously tensed. When the structure is free the bands tend to shorten thus opening the tent out. If the tent is thrown in the air, friction is minimal and so is theoretically better. For practical reasons, it can also be opened out on the ground. It is also possible to fit wheels on each vertical girder. A double girder allows having an opening without altering the structure of the diagonals. The fabric is held at certain points from the lower part of the vertical girders.

DUPLEX CHAIR

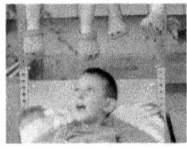

A wheel-chair can move only in one direction and avoids transverse movements. The dimension corresponding to this direction of movement can be very restricted. This restriction contributes to a favourable stability. The height can be increased considerably in accordance with its principal dimensions. If the chair is low its centre of gravity will also be low and it could have an additional higher platform. On this platform, objects, books, etc. can be placed. A space can be designed for small children. It can end being an object with people seated one above the other. It can also be a vertical artefact which moves slowly.

MOBILE MOSQUE

The mosque of Isfahan has exceptional dimensions, with its huge dome, it has a great impact on the city. The first mosque was Mahoma's house in Medina, and so it was very small. A mosque or a place for praying can be reduced to a small carpet. If the carpet is round it will have no direction and will not point in any determinate direction. A square carpet has two directions and so it also cannot be placed facing the Mecca. A rectangular carpet does have a main direction and it can then be placed facing the Mecca. The carpet is kept rolled up and can be rolled open towards the Mecca. Its dimensions could be of 60 cm by 1 meter. We can say that a mosque has been reduced to a simple rug. It is then mobile and the construction process, unrolling, reinforces the correct direction.

AVE TRAIN STATION

New AVE (high speed spanish train) stations tend to be quite spectacular. Due to punctuality and the small amount of time spent on the platforms it is not necessary to have a great volume of conditioned air. Due to the scarce rains in our country it is not considered fundamental to cover the trains. It is possible that the station platforms also don't need to be protected, maybe a small shelter. It is possible to conceptually define a train station as shown on the photograph. A person responsible with protection against the cold and rain with a minimum quantity of hot drinks, and a surveillance system represented by the dog receiving orders from the person responsible.

MOBILE PLOT OF LAND

A farmer from the south of France once came to Spain on a holiday. When approaching, a great platform pulled by a tractor could be seen. On the platform there was a package, containing a camping tent, and a dog. He could stop on any privileged site, with good views and orientation, especially as the route was across the northern coast of Spain. He could place the platform in perpendicular or parallel to the sea, under a forest or next to a tree, depending on the protection, temperature and sunshine he wanted. Once the site was chosen, he could set the camping tent beside the platform, with views to the sea. This situation allows discovering the optimum positions of a person in relation to the environmental conditions. As to say, how a person on the land can feel better in relation to the essential elements surrounding him. The platform can be similar to a small plot of land. It is perfectly defined because it is higher than the land around it. It has a high quality texture as the whole floor can be wooden. It also has a virtual fence represented by the dog, moving around the platform. We could also make reference some cultures with elevated buildings where the floor is the most important element, then some sort of protection created by two walls and finally the roof.

DOME WITH VARIABLE DIAMETER AND POSITIONS

The dome has a variable diameter, and a variable height. As the diameter is reduced, its height increases. When its height is small, the peripheral forces are big, and if the height is big, the wind force is greater. It is necessary to set its size so that it can absorb both forces. It is constructed by tightening its exterior diameter. The material used on great scale models is metal rods, joint by pairs and pre-tensed. The size of the dome can vary depending on the used material. Considering these previous facts, the dome could be very low and great in diameter, or narrow and tall.

EMERGENCY SCHOOL

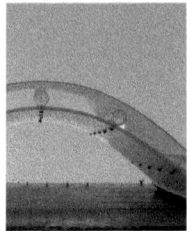

There was an earthquake prediction in St. Louis, MO, USA, where the Architecture School of Washington University was situated. It was November, and it was too cold to spend the night in open air. Some weeks ago there had been a big party and the students had transformed the whole school. But the following Monday, the school was in perfect conditions to be used as such. This means that there is a great potential to do great and very specific interventions. The designed school lacked a structure, to prevent the damage created by its fall. The width and inertia of polycarbonate allows it to be curved so that it will remain pre-tensed and stable towards horizontal forces. Stability is due only to the shape, which creates tensions which are very useful to compensate the exterior forces. The building constructed laying the whole arch flat and straight on the ground, held only on one end. The other end is moved horizontally towards the other until a semi-circumference is created. The arches are very light and thick, as expandable polystyrene, and they act as pillars and doorways. The ground is a great mesh anchored by cables to big existing trees to avoid falling through the cracks in the earth created by the earthquake. The pavement is finished with a fitted carpet to make the lintels of the mesh smooth.

PERGOLA ADAPTABLE TO THE TREES SIZE

This pergola, constructed in the middle of the extension to Carrer Aragó, has a very light metallic structure. It has a total length of 144 m and is supported by four 23-metre-tal uprights. It is formed of 24 identical modules that form a warped surface. The structure is completed with a horizontal girder that holds the whole rigid and that is used as a maintenance walkway. In this way, a covering for the street is created that allows the trees to pass through, and which avoids the use of uprights along the lateral edges that would compete with the trunks of the trees. The material used to cover the pergola is translucent polycarbonate sheet, which adapts to the form of the inclined cables that link the horizontal beams to the arches.

PERGOLA WHICH FOLLOWS THE MOVEMENT OF THE SUN

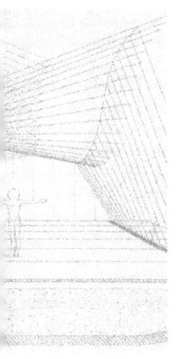

These dwellings have two distrinct parts: one for leisure purposes, in which the user can undertake the activities that they most enjoy, and a second area that houses all the strictly necessary functions of the dwelling, or for use in emergencies. The floor of the leisure space is covered with soil to a depth of approximately 1 m to allow the cultivation of decorative or food plants. However, the soil can also be replace with water, or used for any other activities that might be desired. The roof of this space adapts to the position of the sun with a simple mechanism that controls a series of awnings. The façade changes form during the day. Access to the dwelling must be an experience and, thus, is gained by means of a funicular-lift with a large staircase.

DWELLINGS IN DIFFERENT POSITIONS

A circular pillar less than 1 m in diameter can support a whole house. The height of this pillar can be varied and the house can occupy a particular spatial position. The circular support allows the house to be turned to face in differnt directions thus changing the views and its position with relation to the sun. Instead of having a complementary lift, it is the house itself that moves up and down, and it can be hidden when not in use. A mountainside can remain bare and in its natural state during the week with artificial trees appearing in different positions and with differing heights at the weekend. Access roads are reduced to the minimum by matching them to the width of the wheels. The trenched car parking area can provide illumination of the houses when necessary by using the cars headlights.

LIBRARY AT KANSAI

The idea was to make the building a large contained space that would offer the greatest possible protection against the horizontal movements generated by earthquakes (something like a fixed aircraft carrier). The lower part of the building is spherical in form, resting on supports at differents points. This allows the building is spherical in form, resting on supports at different points. This allows the building to move in any direction (up to a maximum of 60cm) and return to its original position, either naturally or with the aid of hydraulic jacks. The intention is to create a building that is as secure as possible in order to safely store irreplaceable cultural heritage items. The access ramps are only fixed to the ground allowing the building to move freely. The exist and emergency stairs follows a similar design.

TRANSLUCENT HOUSE

This is a fragment of the initial translucent house. The contruction system is similar to that used previously, though the dimensions are smaller. The structure is in stainles steel; walls, roof and floor are in polycarbonate sheet. This prototype is for testing in extreme atmospheric conditions and for determining its use in summer and winter. The lighting, level of sunlight and the high temperatures are unusual when compare to a conventional dwelling. It is possible to remove or open the sloping roof. The most important internal elements are designed to be moveable.

TRANSLUCENT RECYCLED HOUSE

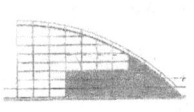

This allows the building is spherical in form, resting on supports at different points. This allows the building to move in any direction (up to a maximum of 60cm) and return to its original position, either naturally or with the aid of hydraulic jacks. The intention is to create a building that is as secure as possible in order to safely store irreplaceable cultural heritage items. The access ramps are only fixed to the ground allowing the building to move freely. The exist and emergency stairs follows a similar design.

TRANSLUCENT CABANON

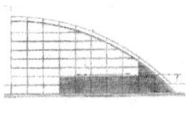

The translucent house has been reduced to its minimum. It has been further adapted to the conditions of its surroundings. It has also been adapted to the real needs of use and experimentation. It is a single storey high, meaning it has a great area which can be uncovered. It has no views to the exterior due to its polycarbonate walls and roof. The curved wall can be lifted, permitting views. Access is through a sliding wall, perpendicular to the façade and entirely concealed. The entrance is not highlighted nor strengthened due to lack of space. Heating and cooling under extreme conditions is now reduced to very comfortably conditioning a space of 5 m^3. This is similar to the volume of a car so minimizing and optimizing the energy consumption. The challenge is making a space of such a small size attractive and livable.

COVERING IN SANT ANDREU DE LA BARCA

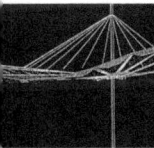

The covering for a shopping centre has a central pole that, thanks to tensile cables, supports a fragment of articulated cone that covers the surface of a quadrant. The triangular fragments of the cone are in curved metal sheet with different radii of curvature. The two main directrices are radials in round tube, and there are two per piece. Placing one piece beside another makes it possible to articulate them, allowing them to adopt any position that might be desired. It is possible to incorporate a mechanism tat programmes the movement of the pieces like the wings of a bird.

ENERGY CAPTURE CYLINDERS

Energy for maintenance is collected by two cylinders with sun collectors, which follow the sun's movement. They remain lit up at night-time and continue turning until they receive the morning sun. They are also indicators of the natural conditions, such as time, wind, temperature, etc. They can be placed separate from the garages, and in the same place where Horta's spherical ones were situated.

LIBRARY AT JAPAN

The building is divided into two parts: an upper cylinder, which acts as a reading area, and an underground section, which functions as a store. The upper cylinder comprises an external ring that contains the stairs and ramps that give access to all the floors, and an inner cylinder with a smaller diameter that contains the other rooms. Thanks to the difference in diameter, the inner cylinder has a rising helicoidal movement in its accesses to each floor. The lift, the service conduits and the structures also follow this same helicoidal movement. The relationship between the reading space and the space devoted to the store can be varied according to present and future needs.

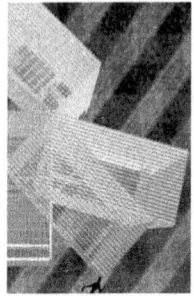

WIND ROTATING DWELLING

This is an isolated experimental house which begins with the minimum space to be lived in (32m2). It can be completed and improved to obtain a high quality result. Ground level + 32m2 + 32m2 + 32m2. It can be combined and grouped into an experimental set of houses (up to 150), as the one created for the international competition "Experimental Chile".

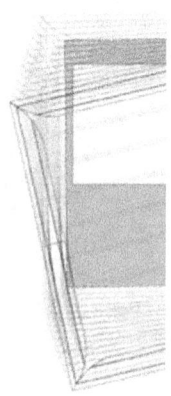

ROTATIONAL DWELLING

A vertical nucleus on one side of the house allows partial movements of each floor. The vertical forces of the moveable platforms ar transmitted through triangular columns. A curved guide-rail on the ground allows rotational movments. The rooms can adopt different spatial positions. The joinery ensures the complete closing of the house thanks to horizontal water filled trays. Similar system were used in the old telescopic gasometers. Birds can also drink from them, just in front of the window. When empty, the house can be neutral and completely vertical. The orientation and form of the house can be changed in accordance with the preferences of each user.

OLYMPICS RINGS FOR PARIS

A helicoidal journey in a lift that allows passengers to observe the landscape all around. The descent is by means of circulars ramps that connect with the arrival point at the top. The circular ramps move away from the centre to allow the lift to pass. The changes in the descent ramps are connected with the horizontal movement of the lift. The whole is surrounded by a large pool filled with water. To reach the centre, a metal mesh is raised from the bottom of the pool so as to be able to cross without getting your feet wet.

CATERPILLAR HOUSES

Building houses on a very well kept area can cause a very important disturbance to it. A roulette which is situated, for example, on a golf court, and changes position every day practically does not alter it. The proposed houses have a very slow movement: 10 meters per day. The land does not have to be totally flat. The ground level floor and roof adapt slightly to the land topography. The objects and furniture, such as beds, tables, kitchen, etc. always remain horizontal. A system of rollers permits the whole building to move. It is foreseen that 20 houses occupy every 4 hectares (9.88 acres). The location of the house is programmed depending on each user's preferences. Distance and relation to the borders of the plot of land, orientation and distance between houses (family, friends...) can also be programmed. The solution, taken to its limit, would allow movement along green corridors, around a city or between two certain cities.

HOUSES WITH MOVEABLE LIVING ROOM

In conventional home some bedrooms remain isolated from the living room. It could be useful to relate a certain room directly to the living room. The living room could have a preferable position during the day. The proposed living room moves along the whole dormitory section. It uses two metallic guides on the garden and a small motor on each rail. The technique is similar to the one used on retractable roofs for swimming pools. The building structure is metallic, with isolated wood panels on the roof, floor and walls. The moveable part has a metallic structure and a polycarbonate roof.

HORIZONTALLY MOVING HOUSES

The houses are longitudinal and have two floors. Their movement is horizontal. The situation where the neighbour blocks the views can then be avoided. The idea consists of a platform with a house on it. Graded rails beneath it allow different positions along the area. Movement and position can be programmed depending on the user's preferences. Vegetation cannot grow where it would obstruct the path. It is held on to the guides to absorb wind force. It allows focusing vegetation away from the guides. Changing the wheel type would involve different sorts of movements. Wheels in one direction combined with a second set of wheels in perpendicular would allow any position throughout the area.

FERRIS WHEEL HOUSES

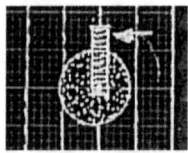

Relating a living room to a surface of water can be interesting. If this water also reflects sunlight the relation can be even more interesting. The relation with water and sunlight can be kept constant due to the turning of the building. Access is on the part further from the water. The circular staircase and service lift form a great column in the center of the pool. This can be surrounded by a helicoidally-shaped staircase which reaches the base of the pool. The house can be turned around depending on the user, in order to choose the views and the preferred orientation.

MOBILE CONTAINERS

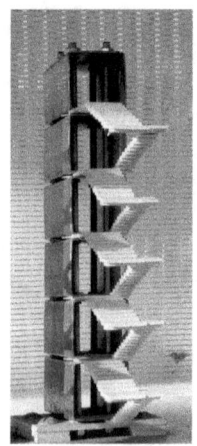

A container is a hermetic metallic box, designed to be filled with heavy merchandise. They can be piled up one over the other up to six or eight times. Containers which are designed as houses must be almost empty to allow living in them. It is necessary to join and fasten them up due to wind if many empty containers are put one on top of the other. Having a cheap place to sleep and being protected in the city centre is extraordinary. Having to go up lots of stairs is secondary. Access staircases are thought of as places to relate, thus the wider part. This part of the staircase is used as a place to rest, to talk, to see and most of all to interact. Going up and down is almost as a path along the living areas where there are the people who want to relate to others. This can be observed on staircases in front of the great museums. It can also be observed on the staircase of the building in Los Angeles in the film Blade Runner. The containers can be moved with cranes, like they are in the docks. They can be placed to have different views and sunlight. In this way you can have higher densities on the top parts without losing the good living conditions.

PLATFORMS SSS

It is a housing unity created with nine blocks. It's dimensions are similar to those of Cerda's townplan for Barcelona. These blocks are close to the shore and can be connected to land with gangways. It is provided with helicopter landing-strips, placed on opposite corners, and giving choice on which corners to polace them depending on the wind's direction. Large lifts enable access to people and containers. The accomodation attributes are the following: Universality: Suitable for all kinds of people including those with difficulties. Flexibility: Capable of assuming different uses. Perfectibility: Users are able to improve and complete it. Adaptability: It adapts to the vital cicle of it's users. Confort: Thermal, acoustic, light. Security: Risks of fire and accidents should be minimized to assure the safety of it's users. Sustainability: Environmentaly friendly as it doesn't pollute and has a low energy consumption as well as being reciclable. Conectivity: Automated with new technologies. The urbanity must create a lively, pleasant and attractive city. The dimensions should be as wide as possible. The availability must be accessible for all economical levels It's quality should enhance a vital experience. It's construction is detachable and can be put together in any other site. It can be shipped to another site. It is forseen to make a good use of natural energies as those of the sun, wind and tides. The water is purified in fishtanks, where fish clean the polluted water. The purified water is poured out into the sea.

ENVIRONMENT AND CLIMATE MUSEUM

The building is planned as a cloud over the city. The Environment and Climate Museum is a light-weight building which "floats" over one of the tallest points of the city. It is a building contrary to the Seu Vella, which is heavy, severe and permanent, but also emerges from the tallest point of the city. The building needs to be "visible and recognizable from certain points of the city", and it is planned to be seen also from the outskirts. The building is planned to be singular and exceptional, unprecedented in the city, and "by its plan and character, to turn into an architecture hotspot". At some points the height of the main level reaches 20 meters over the natural ground level. The building life is reduced to its use. For that reason all the building can be dismantled and moved. The impact done over the site is reduced to eight potholes of 3 meters of diameter which correspond to the basis of the columns.

TALL EMBLEM STRUCTURE IN ZA'ABEEL PARK

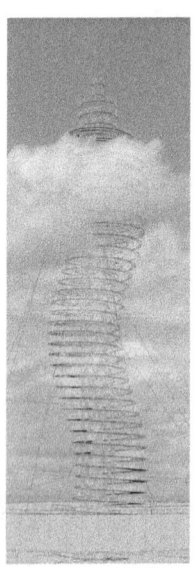

The building is a moving spiral which starts under ground and reaches up to the clouds. It is a rotating structure, an ascendent helicoid, a walkway entering into the sky. The rotation speed is planned to be one whole turn a day, and it is possible to increase it. The building is in motion. It has different positions at every moment of the day. The building can be used by the population as a reference point of the city landscape. A person who knows the city well could know the time by looking at the building. An artificial water vapour cloud is created before the top of the building to stress its height and to protect it from the sunlight. When you access the site you can see the whole front of the tower, with 30 meters below and 170 meters upwards. A microclimate is created, with vegetation, sunlight control, cold air coming from underground and a small water lake. This environment is the preparation for the entrance to the tower by spherical and transparent elevators. Access to the top part of the tower is a slow visual route through space with the transparent and spherical elevators. The elevator rises in a helicoidal trajectory, turning 360 degrees.

BENETTON BUILDING

The building for Benetton Group is a contemporary communication tool. The most representative buildings in the country are characterized by atriums with very slender columns and intermediate spaces with controlled sunlight among other aspects. In the same way the building is planned with a great atrium as an intermediate space between the street and the building itself. The atrium is incorporated to the street and can be closed with a great curtain, with a lower pass of reduced height to access the building. The climatic and environmental control reaches its maximum expression in this atrium. A large sunny surface can be provided in winter, while protecting from the sun in summer, reducing sunlight intensity at the most critical hours and dampening the environment with artificial clouds to create an adequate microclimate. Four exhibition and showcase levels are planned, along a path with escalators from the underground to the upper levels. All levels of these exhibitors are perfectly visible from street-height. A terrace with a bar is situated on the upper part of the atrium, visually separated from the offices. It will have views to the lower part of the atrium and to the commercial street.

L9 SUBWAY STATIONS

Very deep subway stations can sometimes cause problems related to vertigo and claustrophobia. It is useful to create some special appeal for these peculiar spaces, without using artificial lighting. The waiting platforms are very deep under the ground level and relatively small. Illumination is planned to come through the ceiling and walls to ventilate the space. A perforated metal sheet separated from ceiling and walls, leaving space for lights behind it, gives the impression of a wider space. One thing is light reflected on a surface, and another, more efficient than the first, is light emerging from the surface itself. By separating the station platforms from the train rails, a dark space beside the rails is created. Transforming this dark space with 100-meter-long LED light panels can be an attractive solution. The view from the platform to these panels avoids the darker zone, with installation tubes which are usually dirty and badly kept, to be seen. The different-colored LED panel is synchronized with the coming and going of trains. We propose that artists intervene in each station manipulating the color schemes and the different forms and figures this technology permits.

VERTICAL ZOO AT PUERTO MADERO

Fragments of nature are organized through space in a helicoidal shape. An ascending cable car route allows to see all the animas as if they were in the wild. The descent path permits animals to be observed more calmly. People are inside a helicoidal cage, which is inside the aviary at the same time.

FITXA TÈCNICA //
FICHA TÉCNICA

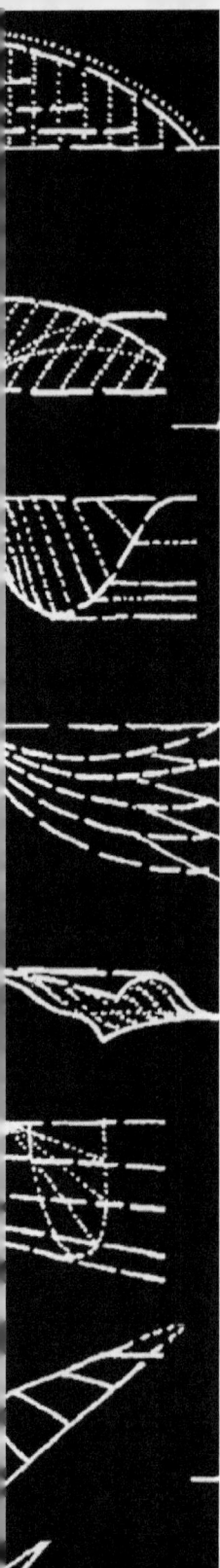

FITXA TÈCNICA

ANTECEDENTS
Autor del projecte: Alfons Soldevila Barbosa
Altres tècnics responsables o col·laboradors: Josep-Ignasi de Llorens, arquitecte

CÚPULA DE DIFERENTS DIÀMETRES I POSICIONS
Localització: Canyet, Badalona
Any del projecte i de l'obra: 1980
Autor del projecte: Alfons Soldevila Barbosa

ESCOLA D'EMERGÈNCIA
Localització: Washington University, St. Louis, MO, EUA
Any del projecte: 1990
Autor del projecte: Alfons Soldevila Barbosa

PÉRGOLA ADAPTABLE A LES DIMENSIONS DELS ARBRES
Localització: Sant Martí, Barcelona.
Any del projecte i de l'obra: 1991.
Autor del projecte: Llorens & Soldevila.
Altres tècnics responsables o col·laboradors: Pedro Barragán, arquitecte de l'IMPU, Vicenç Campi, Xavier Arrufat, enginyers de l'OFEP S.A.; Josep Ortiz, arquitecte, Rafael Jornet, arquitecte

PÉRGOLA QUE SEGUEIX EL MOVIMENT DEL SOL
Localització: Tòquio, Japó
Any del projecte: 1993 (concurs d'idees)
Autor del projecte: Alfons Soldevila Barbosa
Altres tècnics responsables o col·laboradors: Josep-Ignasi de Llorens, arquitecte; Xavier Soldevila Riera, enginyer

HABITATGES AMB DIFERENTS POSICIONS A L'ESPAI
Localització: Graz, Àustria
Any del projecte i de l'obra: 1995
Autor del projecte: Alfons Soldevila Barbosa
Altres tècnics responsables o col·laboradors: Alfons Soldevila Riera, arquitecte

BIBLIOTECA A KANSAI
Localització: Tòquio, Japó
Any del projecte: 1995
Autor del projecte: Alfons Soldevila Barbosa
Altres tècnics responsables o col·laboradors: Alex Barbat enginyer de camins, Louis Bozzo enginyer de camins, David Cabrerizo, J. Puig, Marc Rifà, David Soldevila Riera, Alfons Soldevila Riera, arquitectes

CASA TRANSLÚCIDA
Localització: Pati de l'Escola Tècnica Superior d'Arquitectura de Barcelona.
Any del projecte i de l'obra: 1995-2001
Disseny del projecte: Alfons Soldevila Barbosa
Col·laboradors: Josep Ignasi Llorens, construcció. Manuel Arguijo, estructures. Joan Briz, condicionaments i serveis. Cristina Jover, Departament de Projectes. Enric Massip, Joan Curós, Salvador Droch, arquitectes. Construcció: Estudiants d'arquitectura. David Cabrerizo. Blanca Noguera. Lluís Ortega. Carlos Pérez. Jordi Puig. Marc Rifa. Javi Sanz. Gonzalo Sanz. Sara Dordes. Òscar Mansergas. Anna Fernández.

CASA TRANSLÚCIDA RECICLADA
Localització: Urbanització Mas-Ram, Badalona, Barcelona.
Any del projecte i de l'obra: 2004
Autor del projecte: Alfons Soldevila Barbosa
Altres tècnics responsables o col·laboradors: Joan Baptista Pont, arquitecte

CABANON TRANSLÚCID
Localització: Urbanització Mas-Ram, Badalona, Barcelona.
Any del projecte i de l'obra: 2009-2010
Autor del projecte: Alfons Soldevila Barbosa
Altres tècnics responsables o col·laboradors: David Soldevila Riera, Alfons Soldevila Riera, arquitectes

COBERTA A SANT ANDREU DE LA BARCA
Localització: Sant Andreu de la Barca.
Any del projecte: 1999
Autor del projecte: Alfons Soldevila Barbosa

CILINDRES CAPTADORS D'ENERGIA
Localització: Horta, Barcelona.
Any del projecte: 2000.
Autor del projecte: Alfons Soldevila Barbosa
Altres tècnics responsables o col·laboradors: Ove Arup & Partners S.A. SGS Tecnos S.A; Alfons Soldevila Riera, arquitecte; Salvador Droch, arquitecte

BIBLIOTECA AL JAPÓ
Localització: Tòquio, Japó.
Any del projecte: 2003
Autor del projecte: Alfons Soldevila Barbosa
Altres tècnics responsables o col·laboradors: Joan Baptista Pont, arquitecte

HABITATGES GIRATORIS SEGONS EL VENT
Any del projecte: 2003
Autor del projecte: Alfons Soldevila Barbosa
Altres tècnics responsables o col·laboradors: Irene Stubenvall estudiant

CASA ROTACIONAL
Any del projecte: 2004
Autor del projecte: Alfons Soldevila Barbosa
Altres tècnics responsables o col·laboradors: Irene Stubenvall estudiant

CERCLES OLIMPICS PER PARIS
Localització: París, França.
Any del projecte: 2004
Autor del projecte: Alfons Soldevila Barbosa
Altres tècnics responsables o col·laboradors: David García, Arquitectura Bis Consultors; Joan Baptista Pont, arquitecte

HABITATGES ERUGA
Any del projecte: 2005
Autor del projecte: Alfons Soldevila Barbosa

HABITATGES AMB SALA D'ESTAR DESPLAÇABLE
Any del projecte: 2006
Autor del projecte: Alfons Soldevila Barbosa

HABITATGES DESPLAÇABLES HORITZONTALMENT
Any del projecte: 2007
Autor del projecte: Alfons Soldevila Barbosa

HABITATGES SÍNIA
Any del projecte: 2007
Autor del projecte: Alfons Soldevila Barbosa

CONTENIDORS DESPLAÇABLES
Any del projecte: 2007
Autor del projecte: Alfons Soldevila Barbosa

PLATAFORMES SSS
Localització: Barcelona
Any del projecte: 2005
Autor del projecte: Alfons Soldevila Barbosa
Altres tècnics responsables o col·laboradors: Alfons Soldevila Riera, David Soldevila Riera, Joan Baptista Pont, Jaquelin de Botton, arquitectes

MUSEU DEL MEDI AMBIENT I EL CLIMA
Localització: Lleida
Any del projecte: 2009
Autor del projecte: Alfons Soldevila Barbosa, Alfons Soldevila Riera, David Soldevila Riera, SSS
Altres tècnics responsables o col·laboradors: Joan Baptista Pont, Benedetta Rodeghiero, Jordi Marfà, Zara Gibert, Elena Gimeno, arquitectes

EMBLEMÀTICA ESTRUCTURA ELEVADA AL ZA'ABEEL PARK
Localització: Dubai
Any del projecte: 2009
Autor del projecte: Alfons Soldevila Barbosa, Alfons Soldevila Riera, David Soldevila Riera, SSS
Altres tècnics responsables o col·laboradors: Joan Baptista Pont, Benedetta Rodeghiero, Jordi Marfà, Zara Gibert, Elena Gimeno, arquitectes

EDIFICI BENETTON
Localització: Teheran, Iran.
Any del projecte: 2009
Autor del projecte: Alfons Soldevila Barbosa, Alfons Soldevila Riera, David Soldevila Riera, SSS
Altres tècnics responsables o col·laboradors: Joan Baptista Pont, Benedetta Rodeghiero, Jordi Marfà, Zara Gibert, Elena Gimeno, arquitectes

ESTACIONS DE METRO L9
Localització: Barcelona i Badalona
Any del projecte: 2009
Autor del projecte: Alfons Soldevila Barbosa, Alfons Soldevila Riera, David Soldevila Riera, SSS
Altres tècnics responsables o col·laboradors: Jordi Marfà, arquitecte; GRECAT, S.A; AUDING S.A

ZOO VERTICAL A PUERTO MADERO
Localització: Buenos Aires, Argentina
Any del projecte: 2009
Autor del projecte: Alfons Soldevila Barbosa, Alfons Soldevila Riera, David Soldevila Riera, SSS
Altres tècnics responsables o col.laboradors: Jordi Marfà, Elena Gimeno, arquitectes

www.ingramcontent.com/pod-product-compliance
Lightning Source LLC
Chambersburg PA
CBHW070943230426
43666CB00011B/2546